온택트 파워포인트 속성과외

온택트
파워포인트
속성과외

2021년 7월 14일 초판 1쇄 인쇄
2021년 7월 21일 초판 1쇄 발행

지은이 | 김상종
펴낸이 | 이종춘
펴낸곳 | ㈜첨단

주소 | 서울시 마포구 양화로 127 (서교동) 첨단빌딩 3층
전화 | 02-338-9151
팩스 | 02-338-9155
인터넷 홈페이지 | www.goldenowl.co.kr
출판등록 | 2000년 2월 15일 제 2000-000035호

본부장 | 홍종훈
편집 | 강현주
본문 디자인 | 조서봉
전략마케팅 | 구본철, 차정욱, 나진호, 이동후, 강호묵
제작 | 김유석
경영지원 | 윤정희, 이금선, 최미숙

ISBN 978-89-6030-580-9 13000

BM 황금부엉이는 ㈜첨단의 단행본 출판 브랜드입니다.

황금부엉이에서 출간하고 싶은 원고가 있으신가요? 생각해보신 책의 제목(가제), 내용에 대한 소개, 간단한 자기소개, 연락처를 book@goldenowl.co.kr 메일로 보내주세요. 집필하신 원고가 있다면 원고의 일부 또는 전체를 함께 보내주시면 더욱 좋습니다. 책의 집필이 아닌 기획안을 제안해주셔도 좋습니다. 보내주신 분이 저 자신이라는 마음으로 정성을 다해 검토하겠습니다.

PPT 기획, 디자인, 제작을
12가지 만능 템플릿으로 빠르게 끝낸다!

온택트
파워포인트
속성과외

김상종 지음

BM 황금부엉이

머리말

파워포인트, 사람의 마음과 눈길을 잡는 문서 도구

이것이 최선인가?

파워포인트로 문서를 만드는 상황을 떠올리면 무슨 생각이 드나요?

막막함. 야근. 내가 봐도 마음에 안 들고, 보는 사람마다 이해가 안 된다고 합니다.

이렇게 대부분의 사람들은 파워포인트로 문서를 만들 때 자신감보다는 부담감을, 만족보다는 불만족을 느낍니다.

필자 역시 그랬습니다. 2003년부터 파워포인트로 문서를 만들어왔지만 교육자가 되기 전 14년 동안 '완성도도 부족하고, 만드는 시간은 부담'이라고 생각했습니다.

'어떻게 해야 파워포인트로 부담감 없이, 편안하게 문서를 만들 수 있을까?'

필자 역시 처음에는 잘 만든 PPT를 찾아다니는 데 많은 시간을 보냈습니다. 그런 경험을 해보았기에 수강생들에게 다음과 같은 말을 할 수 있게 되었습니다.

"다른 사람이 만든 문서에서 글자만 바꾸는 식으로는 절대 만족하는 문서를 만들 수 없습니다."

파워포인트 다루는 법을 모르는데, 사람들을 이해시키는 방법을 모르는데, 보기 좋게 표현하는 법을 모르는데. 다른 사람이 만든 문서에서 글자와 이미지 몇 개만 바꾸어선 좋은 문서를 만들 수 없습니다. "남들도 다 이렇게 만들잖아. 이렇게 만드는 게 최선이야." 상황을 애써 외면해보려 했지만 계속해서 파워포인트 문서를 만들어야 하는 상황이었기에 방법을 찾아야 했습니다.

문서 만드는 데 들이는 시간에, 문서를 만든 뒤 느껴지는 만족감에, 문서를 사이에 두고 이루어지는 원만한 의사소통에, 언제나 '이것이 최선인가?'라는 물음이 꼬리표처럼 따라 다녔습니다.

PPT의 핵심은 '조화'

2016년도에 회사를 그만 둔 뒤, 필자는 한 가지 다짐을 했습니다.

"파워포인트로 가장 나은 비즈니스 문서를 만드는 법을 찾자!"

필자는 그동안의 상황을 돌아보고, 교육 콘텐츠들을 살펴보며, 다양한 주제에 대해 깊이 생각했습니다. 또 디자이너들과 의견을 나누며 가장 나은 파워포인트 사용법을 정리했습니다.

2017년에 교육 과정을 만들고 직장인들이 느끼는 고충과 어려움을 해결해드리는 교육을 시작했습니다. 필자가 가장 중점을 둔 부분은 바로 '이론과 실습의 조화'입니다.

"파워포인트를 다루는 것도 기술입니다."

필자가 파워포인트로 비즈니스 문서 만드는 법을 알려드리면서 항상 강조하는 말입니다.

기술은, 머리로만 익혀서는 자기 것으로 만들 수 없습니다. 배우는 기술이 너무 복잡하다면, 그 과정이 부담스러울 것입니다. 그러면 익숙한 기술만 사용하게 됩니다. 그래서 필자는 '언제나 부담을 적게느끼도록 최대한 간결하면서 실용적으로' 파워포인트를 사용하는 법을 알려드리고자 합니다.

기능 위주로 배워서는 만족스러운 문서를 만들 수 없습니다. 잘 만든 PPT(파워포인트 문서)의 핵심은 '조화'이기 때문입니다.

사람의 마음을 사로잡는 내용, 내용에 관심이 가도록 눈길을 사로잡는 표현, 누구나 이해되는 표현. 이를 위해서는 내용 구성, 쉽게 표현하는 법, 보기 좋게 표현하는 법에 대해 알아야 합니다. 이런 이론과 함께 파워포인트 사용법은 최대한 간결하게 익혀야 합니다. 그래야 실제로 파워포인트 문서를 만들 때 부담을 느끼지 않게 됩니다.

"지금 왜 PPT를 만들려고 하세요?"

"PPT 만들면서 어떤 점이 가장 힘들어요?"

"어떤 PPT가 잘 만든 건가요?"

교육 과정을 만들면서, 또 이 책을 쓰면서, 필자는 언제나 위의 질문에 대한 최선의 답을 찾으려 했습니다. 지금도 많은 분들을 만나면서 보완해가고 있습니다.

파워포인트를 사용하면 '보고서, 기획서, 제안서, 교육서, 매뉴얼, 홍보물' 등의 다양한 비즈니스 문서를 만들 수 있습니다. '기획, 영업, 마케팅, 고객지원, 교육, 회계, 투자관리, 인사, 행정' 등 다양한 직무에서는 문서를 만드는 도구로 파워포인트를 사용합니다.

오늘도 파워포인트로 문서를 만드는 것이 불편하고 부담스럽다는 모든 분들!

앞으로 나아질 수 있다는 희망을 안고 저와 함께 비즈니스 문서를 만드는 첫걸음을 내딛어보세요. 책 내용을 잘 따라가기만 하면 파워포인트 문서를 만들 때마다 점점 더 자신감이 생기고, 만드는 시간은 점점 더 짧아지고, 업무에서는 높은 성과를 낼 수 있을 것입니다.

책을 다 본 뒤에는 인터넷 카페, 유튜브, 블로그 등을 통해 소통하며 여러분의 문서 생활에 도움이 되도록 하겠습니다. 저와 함께라면 성공적인 비즈니스 문서를 만들 수 있을 것입니다.

감사합니다

이 책이 나오기까지 참 많은 분들의 수고가 있었습니다. 우선 저에게 출간의 기회를 주신 황금부엉이 출판사에 감사의 마음을 전합니다. 황금부엉이 편집부의 수고로 무사히 책이 나올 수 있었습니다.

책에 좋은 내용을 담을 수 있도록 많은 분들이 도움을 주셨습니다. 제 원고의 부족한 점을 꾸준히 보완해주신 박은정 님, 디자인에 많은 도움을 주신 이강산 님, 기획서 만드는 방법을 알려주신 이철진 상무님과 김해준 이사님. 덕분에 부족했던 제가 '비즈니스 문서 작성 교육자'로 자리 잡을 수 있었습니다.

책에 예시를 실을 수 있도록 허락해주신 와인&사케 디플로마 차진선 님, '마일스톤'의 강은석 대표님, 또 제가 교육자로 자리를 집아가는 데 조언을 아끼지 않은 '고기리 막국수'의 유수창, 김윤정 사장님께도 감사드립니다.

박현욱 님, 김형대 님, 박성우 님, 국민은행 문진기 위원님 같이 좋은 분들이 언제나 힘을 보태주셔서 더 많은 희망을 품게 됩니다. 제가 언제나 건강하게 지낼 수 있도록 해주는 청풍한의원의 황주원 원장님, 감사합니다.

저와 함께 이웃 사랑을 실천하는 분들이 많습니다. 주사랑공동체 이종락 목사님, 아빠의품 김지환 선생님, 청소년행복재단 윤용범 사무총장님, 안산 희망홈 김기헌 선생님, 경기도 다르크 임상현 목사님, 생명선교회 박지순 목사님, 파이오니아21 김상철 목사님, 커넥트 픽쳐스 남기웅 대표님, 알바트로스 한국어교육 윤순애 권사님, 황성숙 사모님, CCC의 오차숙, 오반석, 김용준, 김수경, 어윤경, 김옥희 선교사님, 필통 미니스트리의 김필통 선교사님. 그 외에도 정영일 선생님, 박인만 선생님, 김윤섭 목사님, 그리고 늘사랑교회의 김영창 목사님. 모두 이 책이 나오기까지 많은 응원을 해주셨습니다.

마지막으로, 다시 태어나도 부모님의 자녀이고 싶은 저의 부모님, 누나, 동생, 가족 같은 신재용 님, 감사합니다. 또한 이 책을 읽어주신 독자분들에게도 감사를 드립니다.

김상종

일러두기

▌무엇이든 물어보세요

책을 보다가 궁금한 점이 생기거나 파워포인트 사용법과 관련하여 질문하고 싶다면 저자의 카페(cafe.naver.com/pptrafael)에 있는 'PPT 만들 때 고민들' 게시판에 질문을 올려주세요. 궁금하고 답답했던 부분들을 속 시원히 해결해 드리겠습니다.

▌이 책의 예제 파일 다운로드

예제 파일은 저자의 블로그(blog.naver.com/rafael84)에서 '예제 파일 다운로드'라고 검색하면 다운로드할 수 있습니다. QR 코드를 촬영하면 예제 파일 다운로드 게시물이 바로 나타납니다.

저자 블로그 blog.naver.com/rafael84/222385709694

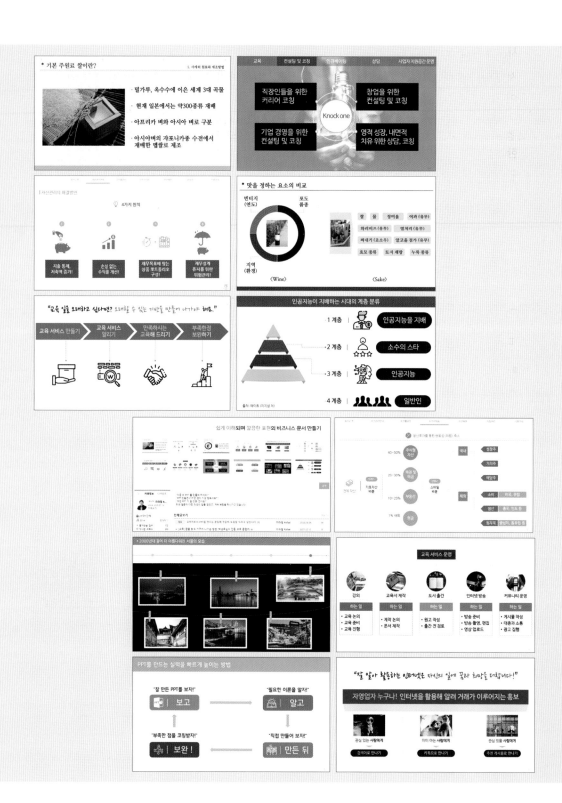

▌ 사용할 글꼴 모으기

문서를 만드는 사람마다 선호하는 글꼴들이 있습니다. 파워포인트 문서를 만들 때 사용하고 싶은 글꼴이 있다면 미리 [글꼴] 폴더에 모아두는 것이 좋습니다.

1. 컴퓨터의 [제어판]에서 [모양 및 개인 설정]을 더블클릭한다. [모양 및 개인 설정] 화면에서 [글꼴]을 더블클릭한다.

2. 파워포인트에서 사용할 글꼴들을 선택한 후 [글꼴] 폴더로 이동시킨다.

TIP

책에서 사용된 글꼴 설치하는 법

이 책의 예제 파일을 다운로드한 후 [추천 폰트] 폴더에서 원하는 글꼴을 설치할 수 있다. 원하는 글꼴을 선택하여 컴퓨터의 [글꼴] 폴더로 이동시키면 책에서 사용한 글꼴을 똑같이 사용할 수 있다.

▍파워포인트 작업 환경 설정하기

이 책에서는 파워포인트 문서를 좀 더 쉽고 빠르게 만들기 위한 여러 가지 방법을 알려드립니다. 가장 먼저 해야 할 일은 환경 설정입니다. 자신의 파워포인트 환경을 이 책의 작업 환경과 똑같이 만들고 책을 본다면 좀 더 보기가 쉬워질 거예요. 다음과 같이 작업 환경을 설정하세요.

눈금자와 눈금선 설정하기

문서에 여러 가지 요소들을 넣을 때는 균형 있게 배치해야 한다. 배치를 잘하는 방법 중 하나가 '눈금자'와 '눈금선'을 활용하는 것이다. 문서 작업을 할 때는 기본으로 눈금자와 눈금선을 켜두는 것이 좋다. [보기] 메뉴-[표시] 목록에서 [눈금자]와 [눈금선]에 체크 표시한다.

단축버튼 설치하기

파워포인트 기능 중 일부 기능을 빠르게 쓸 수 있게 한 공간에 따로 모아둔 것이 '빠른 실행 도구모음'이다. 이 책에서는 '빠른 실행 도구모음'을 좀 더 직관적이고 쉬운 이름인 '단축버튼'으로 부른다. 필자가 오랫동안 현장에서 파워포인트를 사용하면서 최적화시킨 단축버튼을 설치하는 방법을 알아보자.

1. ❶ 빠른 실행 도구모음 사용자 지정 버튼을 클릭한 후 ❷ [기타 명령]을 클릭한다.

2. [파워포인트 옵션] 대화상자가 나타나면 ❶ [빠른 실행 도구모음]을 선택한다. ❷ [가져오기/내보내기]-[사용자 지정 파일 가져오기]를 클릭한다.

3. [파일 열기] 대화상자가 나타나면 [실무파워포인트속성과외] 폴더에서 ❶ 기타/PowerPoint Customizations. exportedUI 파일을 선택한 후 ❷ [열기]를 클릭한다.

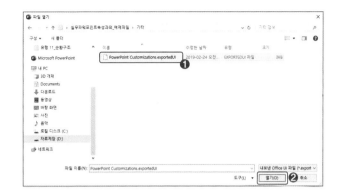

4. ❶ 기존의 빠른 실행 도구모음을 바꾸겠냐는 메시지가 나타나면 [예]를 클릭한다. ❷ 선택한 도구모음 항목들이 나타나면 [확인]을 클릭한다.

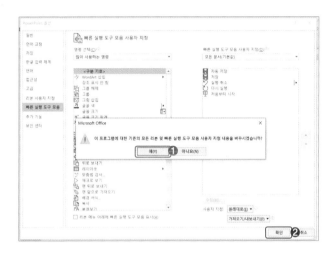

5. ❶ 빠른 실행 도구모음 사용자 지정 버튼을 클릭한 후 ❷ [리본 메뉴 아래에 표시]를 클릭한다. 리본 메뉴 아래에 추가한 빠른 실행 도구모음이 나타난다.

저장 유형 설정하기

파워포인트 문서를 다른 컴퓨터에서 불러올 때, 문서에서 사용된 글꼴이 설치되어 있지 않은 경우가 있다. 이런 경우 문서는 내가 표현한 것과 다르게 나타나게 된다. [파워포인트 옵션] 대화상자에서 [파일의 글꼴 포함]의 [프레젠테이션에 사용되는 문자만 포함]을 체크 표시하고 문서를 저장하면 다른 컴퓨터에 글꼴이 설치되어 있지 않더라도 내가 만든 문서 그대로 나타난다. 단, 문서 내용을 수정할 수는 없다.

1. [파워포인트 옵션] 대화상자에서 ❶ [저장] 항목을 선택한다.

2. ❷ [파일의 글꼴 포함]에 체크 표시하고 ❸ [프레젠테이션에 사용되는 문자만 포함]을 선택한 후 [확인]을 클릭한다.

실행 취소 최대 횟수 설정하기

문서를 만들다보면 생각한 것과 다르게 표현되어 문서를 이전 상태로 다시 돌려야 할 경우가 생긴다. 이럴 때 되돌리는 횟수는 가급적 많이 설정해두어야 실수로 표현된 것을 복구할 때 유용하다. 그래서 [실행 취소 최대 횟수]는 설정할 수 있는 최대치인 150으로 입력한다.

1. [파워포인트 옵션] 대화상자에서 ❶ [고급] 항목을 선택한다.

2. ❷ [실행 취소 최대 횟수]에 150을 입력한 후 ❸ [확인]을 클릭한다.

자동복구 정보 저장 간격 설정하기

문서 작성 도중 의도치 않게 컴퓨터가 멈추거나 오류가 생기는 경우가 있다. 이때 문서를 저장해놓지 않았으면 애써 작성한 내용들이 그대로 사라지게 된다. 이런 경우를 방지하기 위해 [자동 복구 정보 저장 간격]을 가장 짧은 5분으로 설정해두는 것이 좋다. 그러면 문서를 작성하면서 일일이 저장하지 않아도 5분 간격으로 문서가 자동으로 저장되어 돌발적으로 발생하는 오류에 안정적으로 대처할 수 있다.

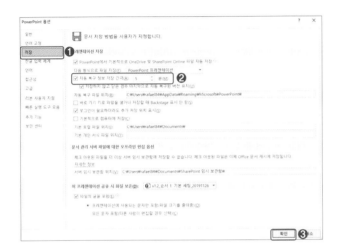

1. [파워포인트 옵션] 대화상자에서 ❶ [저장] 항목을 선택한다.

2. ❷ [자동 복구 정보 저장 간격]에 체크 표시하고 5를 입력한 후 ❸ [확인]을 클릭한다.

차례

이해하기 쉬운 PPT를 만드는 3가지 방법

사람의 마음을 사로잡는 3가지 표현법

PPT를 잘 표현하는 6가지 요소

온라인에서 더 통하는 12가지 템플릿

작업 속도를 높이는 단축키&단축버튼

잠깐! 확인하고 가세요

1. 예제 파일을 다운로드했나요?

예제 파일은 QR 코드를 찍거나 저자 블로그에서 다운로드할 수 있어요.

 저자 블로그 blog.naver.com/rafael84/

2. 글꼴을 설치했나요?

예제 파일을 다운로드하면 [추천 폰트] 폴더가 있어요. 원하는 글꼴을 선택하여 윈도우 탐색기의 [글꼴] 폴더로 복사하세요.

3. 이 책과 똑같이 환경을 설정했나요?

파워포인트에서 문서를 쉽고 빠르게 만들 수 있는 첫 번째 비결은 환경 설정이에요. 저자가 알려주는 대로 최적의 환경을 설정한 후 본격적으로 책 속으로 들어가보세요.

01

이해하기 쉬운 PPT를 만드는 3가지 방법

필자는 지금까지 많은 분들에게 PPT 만드는 법을 가르쳐왔다.

많은 분들이 필자의 PPT를 보고 "나도 이렇게 만들고 싶다"고

말하지만 현실적으로 PPT를 배우는 데 그만큼의

시간과 노력을 들이는 것이 쉽지 않다.

그래서 쉽게 이해할 수 있으면서 바로 활용할 수 있는

3가지 표현법부터 소개한다.

1장에서 소개하는 내용은 가장 기본적인 것들이다.

이전보다 나은 PPT를 하고 싶다면 3가지 팁부터 알아두자.

이미지 비중을 높여라

보고서나 교육 자료를 만드는 입장에서 PPT를 만든다면 최대한 많은 내용을 담으려고 할 것이다. 텍스트만 빽빽하게 넣는다고 원하는 효과를 얻을 수 있는 것은 아니다. 내용과 관련 있는 이미지가 들어가야 한다. 특히 비대면으로 PPT를 해야 하는 상황이라면 더더욱 내용을 이해하게 도와주는 이미지를 많이 사용해야 한다.

다음 내용을 PPT로 만들어보자. 왼쪽은 텍스트만 입력한 슬라이드이고, 오른쪽은 관련 이미지를 넣은 슬라이드이다.

> 사케의 원료와 제조방법에 대해 설명하는데 주된 원료인 쌀에 대해 알아보자. 쌀은? 밀가루, 옥수수에 이은 세계 3대 곡물이다. 현재 일본에서는 약 300종류가 재배되고 있다. 벼는 아프리카 벼와 아시아 벼로 구분되는데, 이 중 아시아벼의 쟈포니카종 수전에서 재배한 멥쌀로 제조한다.

어떤 PPT가 더 이해하기 쉬운가? 당연히 이미지가 들어간 오른쪽 슬라이드이다.

대부분의 사람들은 PPT를 볼 때 가장 먼저 이미지부터 본다. 별다른 설명을 하지 않아도 이미지만으로도 내용을 전달할 수 있는 것이다. 이미지를 사용하라는 팁은 새삼스럽지도 않을 정도로 PPT 기본 중의 기본이지만 생각보다 잘 지켜지지 않는다. 이미지를 사용할 때는 다음 내용을 참고하자.

▌ 저작권에 문제가 없는 이미지를 사용하라

검색 사이트 구글에서도 많은 이미지를 구할 수 있지만 저작권에 문제가 있을 수 있으므로 주의해야 한다. 다음은 무료 이미지를 구할 수 있는 사이트들이다. 이미지를 구할 때 참고하자.

사이트 이름	사이트 주소	이미지의 특징
언스플래시	unsplash.com	표현력이 좋음
스톡스냅	stocksnap.io	표현력이 좋음
픽사베이	pixabay.com	무난함
그래티소그래피	gratisography.com	개성이 강함

언스플래시

스톡스냅

픽사베이

그래티소그래피

▌ 단축키 [Alt] [N] [P] ([D])를 써라

PPT를 만들다 보면 이미지를 삽입해야 할 일이 많다. 이미지를 삽입할 때 마우스로 일일이 삽입하면 생각보다 시간이 많이 걸린다. 이미지를 삽입하는 기능의 단축키를 알아두면 PPT를 만드는 시간을 단축할 수 있다. 이미지를 삽입할 때는 순서대로 [Alt] [N] [P]를 누르자. 이미지 삽입 기능이 실행되어 이미지를 빨리 삽입할 수 있다. 오피스365 서비스를 이용한다면 [D]까지 눌러야 이미지 삽입 기능이 실행된다.

픽토그램으로
이해시켜라

필자는 파워포인트로 비즈니스 문서를 만드는 법을 주로 교육하지만 외식업, 부동산, 금융, 홍보, 사회복시 등 다양한 분야와 관련된 여러 가지 프로젝트도 진행한디. 물론 필지가 그 모든 분야에 능통한 것은 아니다. 해당 분야의 용어와 지식에 부닥칠 때마다 늘 '낯섦'을 경험하는데, 이때 도움이 되는 것이 바로 '픽토그램(아이콘)'이다.

다음 내용을 PPT로 만들어보자. 왼쪽은 텍스트만 입력한 슬라이드이고, 오른쪽은 픽토그램을 넣은 슬라이드이다.

가장 나은 자산관리를 위해 지켜야 할 4가지 원칙이 있다. 첫 번째는 지출을 통제하고 저축액을 증가시키는 것이다. 두 번째는 손실 없이 수익률을 개선시키는 것이다. 세 번째는 재무목표에 맞는 상품 포트폴리오를 구성하는 것이다. 마지막 네 번째는 재무설계 유지를 위한 위험관리를 하는 것이다.

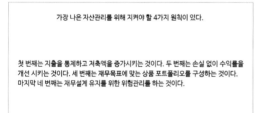 

어떤 PPT가 더 이해하기 쉬운가? 당연히 오른쪽 슬라이드이다. 오른쪽 PPT를 보면 알 수 있듯이 픽토그램은 내용을 쉽게 이해시키는 가장 확실하고도 편리한 요소다. 픽토그램 자체가 전달하는 내용을 시각화한 것이기 때문이다. 픽토그램은 여러 개를 동시에 사용해도 어색하지 않고 조화가 잘 된다. 그렇다고 픽토그램으로만 내용을 전달해선 안 된다. 보는 사람마다 다르게 이해할 수 있으므로 적절한 문구를 함께 사용해야 한다.

낯선 주제와 내용, 단어를 보여주어야 할 때는 내용과 관련 있는 픽토그램을 사용하자. 보는 사람들이 더 흥미롭게 받아들일 것이다. 픽토그램을 사용할 때는 다음을 참고하자.

▌ 저작권에 문제가 없는 픽토그램을 사용하라

플랫아이콘 사이트(flaticon.com)에서 괜찮은 픽토그램 이미지를 다운로드할 수 있다. 회원 가입을 한다면 제한 없이 이미지를 이용할 수 있다. 단, 이미지에 왕관이 표시되어 있는 것은 유료 회원만 다운로드할 수 있다.

플랫아이콘 사이트에서 'growth'로 검색하여 찾은 이미지

▌ 픽토그램은 SVG 파일로 저장하라

다운로드할 수 있는 픽토그램 파일은 PNG와 SVG 형식 2가지다. 가급적 SVG 파일을 다운로드하는 것을 추천한다. SVG 파일을 사용하면 스포이트 기능을 사용해 색을 자유롭게 바꿀 수 있다. 원하는 색으로 쉽게 바꿀 수 있으므로 색상을 바꾸느라 애쓰지 않아도 된다. SVG 파일을 사용할 수 없다면 PNG 파일을 사용한다. PNG 파일은 색상을 변경하는 데 제약이 많으므로 검은색이나 흰색 이미지 중에서 선택하는 것이 좋다.

SVG 파일 다운로드 화면

TIP

SVG 파일이 열리지 않아요

다운로드한 SVG 파일이 파워포인트에서 열리지 않는 경우가 있다. 이것은 MS 오피스 정품을 사용하지 않는 경우에 발생한다. 가급적 오피스365 서비스를 구매해 최신 버전의 프로그램을 사용할 것을 추천한다.

문장을 짧게 써라

PPT를 만드는 데 가장 중요하지만 어려운 것이 긴 문장을 사용하지 않는 것이다. 대부분의 사람들은 PPT를 만들 때 하고 싶은 말을 장황하게 쓴다. 하지만 PPT에 긴 문장이 많을수록 보는 사람의 이해도는 떨어지게 된다. 어떻게 해야 내용을 보기 좋고 쉽게 담을 수 있을까? 바로 기준을 정해 내용을 분류하면 된다. 내용이 잘 분류되어 있다면 새로운 내용을 받아들이는 입장에서 더 쉽게 이해할 수 있다.

PPT에 내용을 담는 방법	이해도	PPT에 내용을 담는 방법	이해도
한 문장 이상의 글로만 표현	▼	한 문장 + 이해를 도와주는 보조 수단	▲

다음의 문장을 PPT로 만들어보자. 왼쪽은 내용을 그대로 입력한 슬라이드이고, 오른쪽은 기준을 정해 내용을 분류하여 표로 만든 것이다.

쇼핑몰은 특정회사가 만든 서비스에 입점해 운영하는 방식과 직접 나만의 쇼핑몰을 만들어 운영하는 방식이 있습니다. 네이버쇼핑은 입점해 운영하는 방식인데 선물하기 서비스를 이용하는 장점이 있습니다. 그 외 판매채널 다양화를 위해 쿠팡, 위메프, 11번가 등 다양한 업체들을 이용합니다. 직접 쇼핑몰을 만들어 운영 시 보통 쇼핑몰 플랫폼인 카페24를 많이 이용합니다. 다음으로 어떻게 쇼핑몰을 운영할지 결정하는 요인으로 입점수수료가 있습니다. 또 배송, 상품등록, 교환·반품·주문취소, 프로모션 일을 얼마나 편리하게 할 수 있는지도 중요합니다. 마지막으로 선물하기, 간편 결제, 간편 로그인 등 보조 서비스도 쇼핑몰 운영의 경쟁력을 더하기에 중요한 판단기준이 됩니다.

쇼핑몰은 특정회사가 만든 서비스에 입점해 운영하는 방식과
직접 나만의 쇼핑몰을 만들어 운영하는 방식이 있습니다.

네이버쇼핑은 입점해 운영하는 방식인데 선물하기 서비스를 이용하는 장점이 있습니다. 그 외 판매채널 다양화를 위해 쿠팡, 위메프, 11번가 등 다양한 업체들을 이용합니다.

직접 쇼핑몰을 만들어 운영 시 보통 쇼핑몰 플랫폼인 카페24를 많이 이용합니다. 다음으로 어떻게 쇼핑몰을 운영할지 결정하는 요인으로 입점수수료가 있습니다.

또 배송, 상품등록, 교환·반품·주문취소, 프로모션 일을 얼마나 편리하게 할 수 있는지도 중요합니다.

마지막으로 선물하기, 간편결제, 간편로그인 등 보조서비스도 쇼핑몰 운영의 경쟁력을 더하기에 중요한 판단기준이 됩니다.

쇼핑몰의 유형			쇼핑몰 유형을 선택할 시 판단기준		
입점 운영		단독 운영	입점 수수료	편리한 운영업무	경쟁력을 더하는 보조 서비스
'선물하기' 서비스 운영	판매채널 다양화			배송	선물하기
				상품 등록	간편 결제
네이버 쇼핑	쿠팡, 위메프, 11번가 등	카페 24 (쇼핑몰 플랫폼)		교환·반품·주문 취소	간편 로그인
				프로모션	

어떤 PPT가 더 이해하기 쉬운가? 비대면 상황에서 왼쪽과 같은 슬라이드를 본다면, 설명을 들으면서 슬라이드의 글까지 읽느라 정신이 없을 것이다. 하지만 표로 정리한 내용을 본다면 설명에 집중이 잘 되는 것은 물론 내용도 더 이해하기 쉬울 것이다.

이처럼 표는 내용을 체계적으로 정리하여 쉽게 이해할 수 있게 도와주는 좋은 표현법이다. 좀 더 욕심을 낸다면 표를 시각화하여 표현하는 것이 좋다. 다음 슬라이드를 보자. 표로만 나타낸 슬라이드를 볼 때보다 내용이 훨씬 더 잘 들어오고, 이해도 잘 된다.

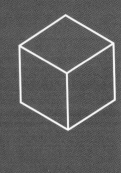

02
사람의 마음을
사로잡는
3가지 표현법

파워포인트와 워드, 엑셀의 가장 큰 차이점은 '표현'이다.

'보기 좋게 표현하는가?'라는 주제는 파워포인트로 문서를 만들면서

생각보다 많은 영향을 준다. 어떠한 방향성에 맞추어 표현하는가에 따라

알아야 하는 내용이 달라지고,

배워야 하는 기능이 달라지며,

그 표현을 잘하기 위해 적응하는 시간이 달라진다.

여기에는 디자인을 전공하지 않았더라도

가장 적은 시간을 들여 표현력을 빠르게 높일 수 있는 방법이 있다.

누가 봐도 보기 좋은 문서를 만들고 싶다면

이곳에 담긴 내용들을 하나씩 따라가보자.

기본 중의 기본,
표현법

▌표현을 잘하는 것이 왜 중요한가?

단정하고 옷을 깔끔하게 입은 사람에게 호감이 느껴지는 것처럼 파워포인트 문서 또한 보기 좋게 만든 것에 더 눈길이 가기 마련이다. 그래서 파워포인트 문서를 만들 때 표현하는 방법이 중요하다. 어떤 사람은 표현하는 데 그다지 신경 쓸 필요가 없다며 이렇게 말한다.

"표현을 아무렇게나 하면 어때? 내용만 좋으면 되지!"

지금 우리는 디지털 시대에 살고 있다. 인쇄물, 광고판, 스마트폰 등을 통해 보기 좋게 표현된 창작물을 쉽게 접할 수 있다. 표현력이 부족한 사람도 잘 만든 창작물들을 통해 보는 눈이 높아진 상태다. 그래서 '표현보다는 내용'을 중시한 사람이 만든 문서를 보게 되면 이렇게 말할지도 모른다. "더 보기 좋게 만들 순 없어? 다른 건 이렇지 않던데 말이야!"

필자가 표현법에 대해 설명할 때 많은 직장인들이 이렇게 물어본다. "전공이 뭐예요?"

필자는 스페인어를 전공했다. 디자인을 제대로 배워본 적이 없다. 하지만 디자인을 잘하기 위해 관련 공부를 하고 노력했다. 어떤 일을 잘하고 싶다면 관련 기술을 배우고 경험을 많이 해봐야 한다. 디자인을 전공하여 디자인만 해온 사람과 그렇지 않은 사람의 표현법이 차이가 나는 것은 당연하다.

표현법을 빠르고 쉽게 익히려면 방향성부터 정해야 한다. 그리고 그 방향성에 맞는 옷을 스스로 맞춰서 입어야 한다.

▌그렇게 표현하는 것을 감당할 만한가?

문서의 내용이 독창적이고, 흥미롭고, 몰입도가 높게 구성되었다면? 그것을 잘 표현해야 한다. 내용을 표현할 때는 먼저 한 가지를 생각해야 문서를 만들면서 지치거나 부담스럽지 않다. 바로 '감당할 만한 선을 지키는 것'이다.

필자는 파워포인트 문서를 만드는 것을 힘들어하는 분들을 자주 만난다. 직장에서 파워포인트 문서를 만들어야 하는 경우에는 평소보다 2~3시간 더 일하는 것이 기본이라고 한다. 2~3시간이면 그나마 낫다. 어떤 사람은 거의 밤을 새다시피 하며 문서를 만들기도 한다.

문서를 만들 때 감당할 만한 선을 지키는 것이 왜 중요할까?

첫 번째 이유는 직장에서 만드는 문서는 항상 '수정'해야 하는 상황이 생기기 때문이다. 문서를 수정해야 하는 이유는 여러 가지다. 상사의 마음에 들지 않아서, 회의 결과대로 내용을 바꿔야 해서, 최신 자료를 반영해야 해서, 문서를 보는 사람이 내용을 잘 이해하지 못해서 등이다. 문서를 수정할 때마다 표현법 때문에 부담이 된다면 문서를 만드는 것이 꺼려지게 될 것이다. 그렇다고 다른 사람에게 문서를 맡겨선 안 된다. 자신이 설명하고 싶은 내용을 다른 사람이 문서로 만들면 효율성과 효과를 모두 잃을 수 있다.

디자인만 하는 디자이너와 동시에 여러 가지 일을 하는 직장인은 시간을 사용하는 방법이 다르다. 디자이너는 디자인할 내용을 잘 표현하는 데 모든 시간을 쏟으면 되지만, 동시에 여러 가지 일을 하는 직장인은 자료 조사, 기획, 표현, 보고 후 수정, 애니메이션 적용 등의 과정을 문서를 만들면서 다 해야 한다. 그래서 시간을 적절하게 배분하면서 감당한 만한 선을 지키는 것이 중요하다.

디자이너와 직장인의 시간 활용법(총 시간을 10으로 가정)

디자이너

1	2	3	4	5	6	7	8	9	10
디자인 내용을 받음	통과될 때까지 디자인								

회사원

1	2	3	4	5	6	7	8	9	10
자료 조사			기획		표현		보고 후 수정		애니메이션 적용 (필요 시)

두 번째 이유는 대부분의 문서는 돈을 버는 상품이 아닌 커뮤니케이션 도구이기 때문이다. 커뮤니케이션을 잘하기 위해서는 일단 내용이 좋아야 한다. 파워포인트 문서를 만드는 데 드는 시간이 10이라면 자료 조사와 기획에 5~6을, 표현에 3~4를 쓰는 것이 적당하다. 남은 1 정도를 애니메이션 적용에 사용한다면 기대했던 일의 성과를 내면서 문서를 꾸준히 만들어도 부담이 느껴지지 않을 것이다.

▌가장 좋은 콘셉트는 '깔끔함'

이제 콘셉트를 정해야 한다. 콘셉트를 간단하게 말하면 '표현이 주는 느낌'이다. 문서를 만들 때는 하나의 콘셉트를 정한 후 거기에 맞춰 일관성 있게 표현해야 한다. 콘셉트를 잘 정해야 이후에 표현하는 것이 어렵지 않다.

필자는 지금까지 많은 문서를 만들고 보았다. 어떤 표현은 어렵게 만들었지만 사람들에게 좋은 인상을 주지 못 했고, 어떤 표현은 파워포인트로만 표현하는 것이 불가능했다. 문서를 만드는 사람은 시간을 절약할 수 있고, 문서를 보는 사람은 만족할 수 있는 콘셉트는 무엇일까? 바로 '깔끔함'이다. 깔끔하게 정장을 입은 직장인을 보라. 일의 전문성은 물론 신뢰도 느껴진다. 필자는 이런 느낌이 문서를 만들 때 가장 좋은 콘셉트라고 생각한다. 그래서 이 책에서는 '깔끔함'을 잘 살린 표현법을 설명하는 데 집중했다.

▌완성도가 높아야 한다

문서의 완성도는 높아야 한다. 마음에 드는 문서를 만들기 위해 이렇게도 해보고 저렇게도 해본 끝에 완성했는데 "별로네"라는 평가를 듣는 것보다 허탈한 일은 없다. 잘 만들고자 마음먹었다면, 완성도를 높이자. 그렇게 문서를 완성하고 나면 자신감 있는 태도로 사람들과 커뮤니케이션 하면서 성과를 낼 수 있을 것이다.

벤치마킹
_잘 만든 표현을 따라하면 내 것이 된다

▎ 인기 검색어 '무료 PPT 템플릿'

포털 사이트 네이버에서 검색어의 검색량을 확인할 수 있다. 시기와 상관없이 늘 인기 있는 검색어 중의 하나가 바로 '무료 PPT 템플릿'이다.

2021년 6월 5일을 기준으로, 한 달 동안 '무료 PPT 템플릿'이 검색된 횟수는 PC와 모바일을 합쳐 22만 7,500번이다. 같은 기간 '파워포인트'는 6만 6,000번, 'PPT'는 6만 6,100번, 'PPT 잘 만드는 법'은 1만 6,920번이 검색되었다. '무료 PPT 템플릿'의 검색 횟수가 다른 검색어에 비해 압도적으로 많다는 사실을 알 수 있다. 이들 검색량을 다른 분야와 비교해보자. 필자가 사는 지역의 맛집에 대한 검색 횟수는 1만 1,600번이었다. 생각보다 놀라운 결과다. 특정 지역 맛집보다 검색 횟수가 많은 검색어는 흔치 않기 때문이다.

사람들은 왜 '무료 PPT 템플릿'을 검색했을까? 아마 다음과 같은 마음에서였을 것이다.

"다른 사람이 만든 문서에서 내용만 수정해서 일을 빨리 끝내야겠다."

"나는 도저히 문서를 보기 좋게 못 만드니 다른 사람이 만든 문서를 활용할 거야!"

┃ 남이 만든 문서를 수정하는 게 왜 문제인가?

남이 만든 문서를 받아 내용만 수정해서 문서를 완성하려는 사람들에게 이렇게 묻고 싶다.

"생각한 만큼 편한가? 기대했던 만큼 내 생각을 상대방에게 잘 전달할 수 있는가? 문서는 만족할 만한 수준으로 표현되었는가?"

대부분이 고개를 절레절레 흔들 것이다. 필자도 파워포인트 문서를 만드는 것이 어려웠던 시절, 잘 만든 문서를 찾아 헤맨 적이 있기 때문에 누구보다 그 심정을 이해할 수 있다. 그 당시에는 잘 만든 문서를 구하는 것이 표현력을 높이는 유일한 해결책이라고 생각했다. 하지만 이 방법은 2가지 한계점을 가지고 있다. 첫 번째는 잘 만든 문서를 구하기 힘들다는 것이고, 두 번째는 잘 만든 문서를 구했다고 해도 내 마음에 드는 문서를 만들 수 없다는 것이다. 그 이유에 대해 알아보자.

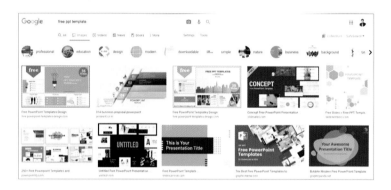

보기 좋은 문서를 구했다면 수정을 해야 한다. 사람마다 수정하는 실력도 천차만별이다. 어떤 사람은 문서를 자기가 만든 것처럼 자유자재로 다루지만, 어떤 사람은 그조차도 잘 못해서 끙끙댄다. 이런 상황에서 파워포인트를 잘 못 다루는 사람들은 꼭 담으려고 했던 내용과 구성을 과감히 포기(?)하는 결단력을 보인다. 예를 들어, 구한 문서가 중요한 내용을 3개만 담은 구성이라면 자신이 표현하고자 한 4개의 내용 중 1개를 빼는 식이다. 반대로 중요한 내용을 4개 담을 수 있게 구성되어 있는 문서라면, 거기에 맞게 4개를 억지로 만들어서 끼워 넣는다. 보기 좋은 표현은 분명 보는 사람에게 호감과 신뢰를 준다. 하지만 보기 좋게 만들기 위해 의도했던 내용을 바꾸는 것이 도움이 될까? 물론 아니다. 자신이 최선이라고 생각한 내용이 문서로 표현되지 않았기 때문이다. 이렇게 만든 문서는 완성도가 떨어진다.

물론 어쩔 수 없는 경우도 있다. 그들은 파워포인트를 도구로 사용하는 것보다 이런 마음이 더 우선이었을 것이다.

"파워포인트 문서를 자주 만드는 것도 아니잖아요. 그냥 내용만 바꿔서 쓰면 되죠."

"파워포인트 사용법을 언제 배워서 보기 좋게 만들어요? 그럴 시간도, 마음도 없어요."

파워포인트 문서를 만드는 일을 가뭄에 콩 나듯 하는 경우라면, 그리고 내용을 그럭저럭 꾸미기만 해도 된다면, 남이 만든 문서를 수정해서 완성하는 것이 무조건 잘못이라고 말할 순 없을 것이다. 가끔 하게 되는 일에 누가 시간을 들여 배우고 집중하겠는가? 어떤 활동이든 마음과 필요가 맞아 떨어져야 꾸준하게 이어지고, 그 안에서 성장하게 된다. 그래도 이 책을 선택한 독자라면 파워포인트 문서를 잘 만들고자 하는 마음과 필요가 있을 터이니 스스로에게 한번 물어보자.

"보기도 좋고 내용도 쉽게 이해되는 문서를 만드는 것이 못 넘을 벽인가?"

그렇지 않다. 시간도 아끼고 자신도 만족할 수 있는 방법, 그것은 바로 '잘 만든 표현을 벤치마킹하는 것이다.

▎무엇을 벤치마킹해야 할까?

파워포인트 문서와 표현력은 떼려야 뗄 수 없는 관계다. 필자도 표현력을 높이기 위해 많은 고민을 했다. 어느 날 갑자기 고민하던 것들의 완성품이 보이기 시작했다. 그것은 바로 주위에서 쉽게 접할 수 있는 '다양한 편집 디자인 작업물'이었다. '편집 디자인'은 정해진 공간에서 글, 그림, 표, 그래프 등을 이용해 시각적으로 표현하는 것을 말한다. 팸플릿, 브로슈어, 포스터, 메뉴판, 홈페이지 등이 모두 편집 디자인 작업물이다.

필자는 잘 나온 표현법을 발견하면 그것을 활용해보려고 노력한다. 주로 지하철역의 스크린 도어와 지하철 내부에 부착된 수많은 광고에서 디자인에 도움이 되는 아이디어를 얻는다. 인터넷 홈페이지 또한 좋은 표현법들이 숨어 있는 보물 창고다.

벤치마킹을 하면 이전에는 전혀 의식하지 않았던 표현법에 대한 관심이 자연스레 높아진다. 이를 통해 표현력 역시 점점 더 나아지는 선순환이 이어진다. 그렇다면 구체적으로 무엇을 벤치마킹해야 할까?

첫째, 내용을 어떻게 배치했는가 글, 이미지, 표 등을 슬라이드에 아무렇게나 배치하진 않을 것이다. 보통 디자인 작업물을 볼 때 가장 먼저 눈이 가는 곳은 왼쪽 위이고, 그 다음에 오른쪽 위와 그 아래다. 이런 시선의 흐름을 알아두면 문서를 만들 때 적절하게 활용할 수 있다. 잘 만든 디자인 작업물에서는 내용을 어떻게 배치했는지 살펴본 다음 스마트폰으로 찍어 '벤치마킹 모음'이란 폴더에 저장해두자. 디자인이 떠오르지 않을 때 살펴보면 아이디어를 얻을 수 있을 것이다.

둘째, 색과 글꼴을 어떻게 사용했는가 색 조합이 잘된 작업물은 보관해두었다가 파워포인트에서 불러와 '스포이트' 기능을 사용하여 문서에서 적용해보자.

셋째, 중요한 내용을 어떻게 표현했는가 문서의 모든 내용이 중요하지 않고, 모든 부분에 다 시선이 가게 할 순 없다. 정말 중요한 내용에 시선이 가게 해야 한다. 다른 작업물에서는 이를 어떻게 표현했는지 눈여겨본다면 전하고 싶은 내용을 명확하게 전달하는 데 도움이 된다.

넷째, 쉽게 이해되면서 사람들의 관심을 끄는 구성인가

물론 벤치마킹에 대해 혹자는 이렇게 생각할 수도 있다.

"항상 표현이 잘된 작업물이 있는지 관심을 가지고 둘러보라고요? 그럼 일이 머릿속에서 떠나지 않아 오히려 스트레스가 쌓일 것 같아요."

문서를 보기 좋게 만드는 데 필요한 표현은 무엇일까? 문서를 꾸준히 만들다보면 보기 좋은 표현에는 공통점이 있다는 것을 발견하게 된다. 그것의 대표적인 예시가 앞으로 다룰 모든 문서 제작에 사용 가능한 '12개 템플릿'이다.

우리는 콘테스트에 출품할 작품을 만드는 것이 아니므로 새로운 표현법을 만들기 위해 굳이 애쓸 필요가 없다. 잘된 표현법을 보고 벤치마킹을 하다 보면 문서를 만들 때 표현력 때문에 고민하는 일은 차츰 사라질 것이다. 아울러 파워포인트를 익숙하게 다루고 문서를 완성하는 속도도 점점 빨라지게 될 것이다.

▍벤치마킹 대상, 어떻게 찾을까?

검색어는 벤치마킹할 대상을 쉽게 찾아주는 중매자 역할을 한다. 표현법이 좋은 작업물을 찾을 때는 어떤 검색어를 사용하는 것이 좋을까? 다음의 3가지 검색 방법을 기억하자.

1. PPT Design

'PPT Design'으로 검색하여 나타난 결과물을 보면 기가 죽을 수도 있다. 하지만 그럴 필요는 없다. 자료들을 살펴보면 알겠지만, 색상만 다를 뿐 내용과 관련된 표현은 이 책에서 제안하는 12개 템플릿과 템플릿에서 사용된 6가지 요소(글, 이미지, 픽토그램, 표, 그래프, 도형)의 조합에서 크게 벗어나지 않는다. 문서에 담긴 내용은 제각각이지만 표현법은 반복 사용된다. 어느 정도 경험이 쌓이면 문서로 만들어야 하는 내용을 보는 순간 "이 내용은 이렇게 표현하면 돼!"라는 직관이 자연스레 떠오르게 될 것이다.

2. Brochure Design

파워포인트 문서를 만드는 것이 어렵게 느껴지는 이유는 워드, 엑셀 문서와 달리 디자인을 해야 하기 때문이다. 디자인이 어렵다고 느껴질 때는 브로슈어, 팸플릿, 포스터, 잡지 같은 편집 디자인 작업물을 벤치마킹하자. 원하는 작업물과 Design을 조합해 검색하면 벤치마킹하기 좋은 디자인을 만날 수 있을 것이다.

3. Process PPT

12개 템플릿 중 하나인 '절차'의 영어 단어인 Process와 PPT를 조합해 검색해보자. 누군가 일의 진행 절차를 설명할 목적으로 만들었거나 자신의 표현력을 뽐내기 위해 만든 작업물이 검색될 것이다. 이 외에도 12개 템플릿과 관련된 다음의 주제들을 검색해도 좋다.

> overview ppt, before after ppt, comparison ppt, vision ppt, group ppt, swot ppt, circulation ppt, history ppt

TIP

검색을 잘하는 법

검색할 때는 가급적 구글 사이트를 이용한다. 검색 자료의 양이 국내 포털 사이트보다 많다. 또 검색할 때는 가급적 영어로 하는 것이 좋다. 한글 자료보다 영어 자료의 양이 압도적으로 많기 때문이다.

▌벤치마킹 대상을 만날 수 있는 곳

1. 필자의 홈페이지 pptrafael.modoo.at

필자는 파워포인트로 문서, 인쇄물, 영상 등을 만들고 다양한 프로젝트도 진행한다. 프로젝트는

세상에 선한 영향력이 더해지길 바라는 목적으로 필자가 진행하는 경우도 있고, 다른 회사나 기관의 요청으로 진행되는 경우도 있다. 이중 공유 가능한 작업물은 홈페이지에 올리고 있다. 필자의 작업물이 여러분의 벤치마킹 자료로 활용되길 바란다.

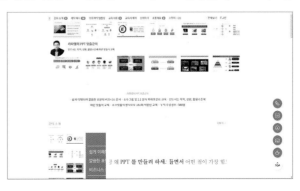

2. 잘 만든 홈페이지

잘 만든 홈페이지는 벤치마킹하기 좋은 자료다. 홈페이지 역시 편집 디자인을 활용하여 만든 작업물이기 때문이다.

일반적으로 홈페이지의 세로 길이는 제한이 없지만 가로는 짜임새 있게 구성하기 위해 길이에 제한이 있다. 파워포인트 문서도 이와 비슷해서 홈페이지 화면을 보면 참고할 점이 많다. 홈페이지들은 필자가 제안한 가장 좋은 콘셉트인 '깔끔함'이 잘 표현된 작업물로, 특히 정렬이나 여백 등을 참고하면 좋다.

'깔끔함'을 기준으로 **잘 표현한 사례** |

깔끔함. PPT 표현예시 |

이 외에도 표현법을 벤치마킹할 곳은 많다. 중요한 것은 '어디를 벤치마킹할 것인가'가 아니라 '무엇을 벤치마킹해서 어떻게 활용할 것인가'이다. 다른 사람이 만든 표현법을 활용하다 보면 점차 자신감이 붙게 될 것이다.

마지막으로 정리해보자. 파워포인트 문서를 보기 좋게 만들고 싶다면? 파워포인트에서 제공하는 기능 중 가장 쓰기 편하고 필요한 것만을 추려서 사용하자. 문서에 담으려는 내용의 주제를 생각해 12가지 템플릿 중 하나를 선택하자. 잘된 편집 디자인 작업물을 보고 필자가 설명한 방법을 적용하여 벤치마킹하자. 벤치마킹한 표현법으로 자신만의 독창적인 내용을 만들자. 이러면 보기 좋고 쉽게 이해되는 문서를 빠르게 만들 수 있다.

깔끔함
_많은 사람들이 좋아하는 느낌으로 가라

▌어떤 느낌의 문서를 만들 것인가?

파워포인트 문서의 표현법은 생각보다 어렵지 않다. 콘셉트가 '깔끔함'이라면 말이다.

파워포인트 문서를 만들 때는 누구나 표현법에 신경을 쓴다. 하지만 문서 작성자 대부분이 디자인을 배워본 적이 없을 것이다. 그래서 원하는 것을 제대로 표현하지 못한다. 지금부터 이를 가능하게 해주는 방법들을 살펴보자.

표현법에 신경 써서 만든 문서에는 다음의 3가지 사항이 잘 나타난다.

> • 내가 전달하고 싶었던 느낌을 상대방이 느낀다.
> • 표현한 것들이 잘 조화되었다.
> • 중요한 부분에 시선이 집중된다.

문서는 내용이 무엇인지, 누구에게 보여주는지에 따라 느낌이 달라진다. 어린이를 대상으로 하는 상품이나 서비스를 운영하는 회사에서는 '귀여움'이 느껴지는 문서를 만드는 경우가 많다. '귀여움' 느낌을 중요하게 생각하지 않는 회사에서는 '세련됨'이 느껴지는 문서를 만들려고 한다. '세련됨' 느낌을 담으면서 '잘 만들었다'는 생각이 들게 문서를 만드는 것은 참 어려운 일이다. 사람마다 생각이 다르기 때문이다. 많은 사람들을 만족시킬 수 있는 가장 무난한 느낌은 '깔끔함'이다. '깔끔함'이 표현된 문서를 보는 사람들은 크게 2가지 반응을 나타낸다.

> • 군더더기가 없어 내용이 눈에 쏙 들어오네!
> • 심플하게 표현했지만 전문성이 느껴지네!

문서에 어떤 느낌을 담아야 할지 고민된다면 '깔끔함'으로 표현하자. '깔끔함'을 콘셉트로 잡는다면 표현의 부담과 스트레스에서 벗어날 수 있다. 문서를 통해 좋은 성과를 내는 것은 물론 탄력을 받아 더 나아갈 수 있을 것이다.

▌어떻게 해야 '깔끔함'을 표현할 수 있을까?

'깔끔함'을 표현하는 데 중요한 것은 정렬과 여백이다. 정렬을 잘하면 내용이 정돈되어 보인다. 마치 서랍 안의 물건들이 잘 정리된 것 같다. 물론 어떤 사람은 이런 식의 배치가 불편하고 어색할 수 있다. 하지만 문서를 만드는 시간과 보는 사람의 만족감을 생각하면 문서를 빨리 만들고 성과를 얻는 것이 훨씬 유익하다.

여백도 중요하다. 슬라이드를 빽빽하게 채우거나 여러 가지 내용을 담으면 사람들이 부담감을 느낄 수 있다. 그래서 여백을 두어야 한다. 상하좌우 균형을 잘 맞추어 여백을 두면 문서를 '깔끔하게' 표현할 수 있다.

▌어떻게 해야 조화롭게 표현할 수 있을까?

슬라이드의 내용들이 조화로워 보이려면 글꼴과 색상을 제한적으로 사용해야 한다.

우선 글꼴부터 보자. 글꼴 이름을 아는 것보다 더 중요한 것은 글꼴의 느낌이다. 무료이고, 저작권에 문제가 없고, 각기 다른 느낌을 주는 몇 가지 글꼴을 추천한다. '나눔바른고딕'처럼 깔끔한 느낌의 글꼴을 사용하면 통일성 있는 느낌을 줄 수 있다. 상황에 따라서는 편안한 느낌의 '롯데마트 드림'이나 귀여운 느낌의 '배달의민족 주아' 같은 글꼴을 쓰는 것도 좋다.

깔끔함	편안함	귀여움
나눔바른고딕	롯데마트 드림	배달의민족 주아

기본 글꼴을 정했다면 하나 정도의 글꼴을 더 사용하는 것도 좋다. 필자의 경우 기본 글꼴로 '나눔바른고딕'을 정했다면 그 글꼴만 사용한다. 하지만 좀 더 감성적으로 표현하고 싶을 때는 '나눔손글씨 펜' 같은 글꼴도 사용한다.

두 번째는 색상이다. 필요 이상으로 많은 색을 사용하면 문서가 산만해 보인다. 색상은 3가지 이내로 사용하는 것이 좋다. 3가지 색상의 역할은 다음과 같다.

문서에서 공통으로 사용	기본색을 보조하여 표현	중요한 부분 강조
기본색	무채색 (검은색과 회색)	포인트 색

❚ 중요한 부분을 어떻게 표현할까?

슬라이드에 담은 모든 내용이 중요하지 않고, 문서를 보는 사람은 내용을 다 읽지 않아도 내용을 이해하고 싶어 한다. 그래서 기본색을 사용하되 중요도에 따라 색상을 다르게 표현해야 한다. 중요한 부분은 진하게, 덜 중요한 부분은 흐리게 표현하는 것이다.

이 문서의 기본색은 파란색이다. 문서 맨 위의 목차보다 본문이 더 중요하기에 본문을 진한 파란색으로 표현했다. 파란색 도형 옆에 검은색 도형을 넣어 조화롭게 만들었고, 검은색 도형 안의 내용이 중요하다 생각하여 노란색으로 주목도를 높였다.

어떤 내용을 강조하거나 시선이 집중되게 만들고 싶다면 조화가 잘되는 색을 포인트 색으로 선택한다. 예를 들어 내용을 검은색 또는 파란색으로 표현했다면 포인트 색으로는 노란색을 사용하는 것이다. 다음의 이미지를 보자. 어떤 꽃이 더 잘 보이는가?

TIP

색을 선택하는 방법

문서에는 어떤 색을 사용하는 것이 좋을까? 색상을 선택하는 쉬운 방법을 알아보자.

첫째, 주변에 있는 사물들의 색상을 사용하자. 많은 기업들이 색상이 주는 느낌을 이용하여 제품을 만들고 있다. 주변의 사물들 중에서 문서에서 사용하고 싶은 느낌의 색이 있다면, 그 색을 기본색으로 사용하자. 다음은 사물들의 색상과 색상이 주는 느낌이다.

검은색	초록색	파란색	흰색
고급스러움	편안함	시원함	순수함

둘째, 문서와 관련된 회사의 로고에 사용된 색을 기본색으로 사용하자. 회사 내부 문서라면 회사의 로고 색을 사용하고, 다른 회사에 제안할 문서라면 해당 회사의 로고 색을 사용하자.

다양한 기업들의 로고와 색상

위의 자료에서 주목할 점은 구글, 마이크로소프트, 다음의 로고에서 사용하는 색상이 거의 비슷하다는 것이다. 이는 다양한 색을 사용하여 표현하는 것이 그만큼 어렵다는 것을 보여준다. 그래서 색상을 잘 사용할 자신이 없다면 기본색, 무채색, 포인트 색 정도만 사용하는 것이 좋다. 이렇게 하면 많은 색상을 사용하지 않아도 충분히 보기 좋은 문서를 만들 수 있다.

셋째, 인터넷에서 검색하여 보기 좋은 색상들을 벤치마킹하자. 회색과 검은색 같은 무채색을 제외하면 파워포인트에서 기본으로 사용할 수 있는 색 중에는 의외로 보기 좋다고 느껴지는 색이 거의 없다.

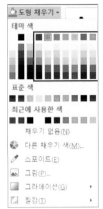
파워포인트에서 사용 가능한 색의 종류

색상 감각이 부족하다면 구글에서 'Color combination'을 검색하여 마음에 드는 이미지를 저장하자. 파워포인트의 스포이트 기능을 사용하면 이미지에 사용된 색상을 쉽게 가져올 수 있다.

스포이트 기능을 사용하는 곳

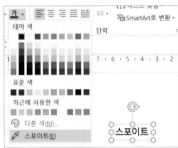
텍스트

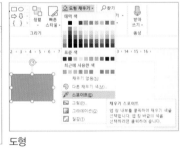
도형

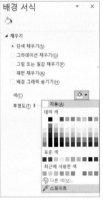
배경색

디테일
_표현력을 높여주는 실질적인 방법들

문서에 들이는 공에 따라 알아야 할 것과 해야 하는 일이 끝이 없게 느껴지기도 한다. 그래서 많은 사람들이 파워포인트 문서 만드는 것을 힘들어하고 어려워한다. 필자는 앞에서 이에 대한 현실적인 해결책으로 '깔끔함'을 표현하라고 말했다. 하지만 아직 본격적으로 작업을 시작하기 전이니 무슨 말인지 잘 와닿지 않을 것이다. 여기서는 표현력을 높이는 데 도움을 주는 실질적인 방법들을 살펴보자.

▍ 반복되는 내용의 구성과 위치를 일정하게 하라

파워포인트로 만든 문서는 슬라이드를 넘기면서 봐야 한다. 이것을 생각하고 다음의 예시를 보자. 본문의 내용은 계속 바뀌지만 문서 위쪽에 있는 목차의 구성과 위치는 거의 같다. 문서 위쪽의 내용은 이전 슬라이드와 비교해 최대한 위치를 맞추어야 보기가 좋다. 이렇게 구성 요소들을 잘 정돈하여 표현해야 문서에서 전문성이 느껴진다.

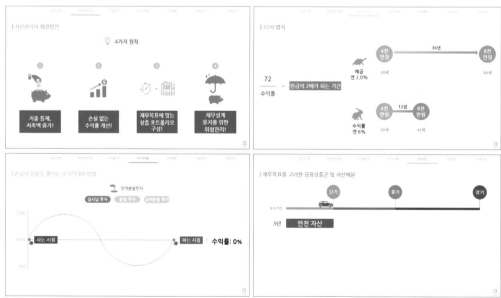

반복되는 구성과 위치를 일정하게 표현한 문서

▌나누어 보여주고 싶은 내용을 선으로 구분하라

디자인이 훌륭한 작업물에서 볼 수 있는 공통점 중 하나는 바로 선이다. 선을 이용하여 구분하고 싶은 부분을 나누어 표현하면 내용이 눈에 잘 들어오는 것은 물론 문서가 훨씬 짜임새 있게 느껴진다. 선을 어떻게 사용할지 잘 모르겠다면? 다음의 2가지만 기억하자.

> 1. 색이 진하고 두꺼운 선은 사용하지 않는다.
> 2. 내용을 구분하고 싶은 부분에 선을 넣는다.

선을 넣어 표현력을 높인 문서

선은 표현력을 높이는 보조 역할을 하므로 색이 진하거나 두꺼우면 안 된다. 그러면 내용보다 선이 더 눈에 띄게 된다. 선의 색은 흐리고, 두께는 얇은 것이 좋다. 배경이 흰색이라면 선은 검은색과 회색 같은 무채색으로, 배경에 색상이 들어갔다면 배경색과 비슷한 색을 사용한다.

▌표의 좌우 테두리는 없애라

제대로 표현되지 않은 표에는 공통점이 있다. 표의 윤곽선이 진하고 두껍다는 것이다. 그래서 답답한 느낌이 들고 내용에 눈이 가지 않는다. 표현이 잘된 표는 어떤 모습일까? 표의 테두리가 흐리고 얇다. 표의 좌우 테두리에는 선을 넣지 말자. 이렇게 표현하면 답답하지 않으면서 깔끔하게 느껴진다.

표의 좌우 테두리를 없앤 문서

▎ 도형은 '윤곽선 없음'으로 설정하라

파워포인트 문서에 도형을 넣으면 기본으로 윤곽선이 나타난다. 잘 표현된 작업물에 들어간 도형에는 윤곽선이 없다. 도형을 사용할 때는 언제나 '윤곽선 없음'으로 표현하자. 더 '깔끔한' 느낌이들 것이다.

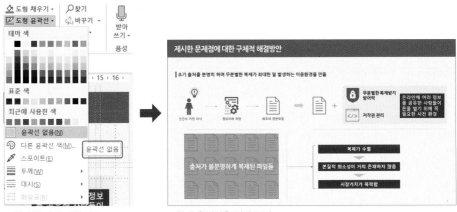

도형에 '윤곽선 없음' 적용   도형의 윤곽선을 없앤 문서

▎ 빨리 만들 수 없는 표현은 하지 마라

문서를 만들 때는 보는 사람에게 좋은 인상을 주는 것을 전제로 한다. 똑같은 표현법을 사용해도 시간이 오래 걸리고 보기 좋게 표현하는 것이 더 까다롭게 느껴지는 경우가 있다.

곡선보다 직선

직선은 기울어져 있지만 않으면 대부분의 사람들이 편안하게 받아들인다. 곡선의 경우는 사람마다 다르게 받아들이고 보기 좋게 표현하기에도 어렵다. 문서를 쉽고 빠르면서 보기 좋게 만들고 싶다면 곡선보다는 직선을 사용하자.

입체 도형보다 평면 도형

평면 도형은 찌그러뜨리지만 않으면 이상하게 보이진 않는다. 반면 입체 도형은 입체감도 신경 써야 하고 도형 안에 내용도 보기 좋게 넣어야 한다. 문서를 쉽고 빠르면서 보기 좋게 만들고 싶다면 입체 도형보다는 평면 도형을 사용하자.

그러데이션 효과보다 단색

표현을 잘 못하는 사람들이 색상에 그러데이션 효과를 주려고 한다. 그러데이션 효과는 시선이 왼쪽에서 오른쪽으로 자연스럽게 이동되게 만들 때 사용하면 효과가 좋다. 하지만 그 외의 경우에는 효과가 좋다고 할 순 없다. 그러니 굳이 그러데이션 효과를 주어 끙끙대지 말자. 단색으로 효과를 내는 것에 익숙해지는 것이 낫다.

TIP

내용을 나누어 입력하라

파워포인트 문서를 만들어본 경험이 적은 사람들은 하나의 입력 창에 모든 내용을 입력하곤 한다. 이렇게 하면 각 내용마다 글꼴, 글자 크기, 색상 등을 적용하는 것이 번거롭다. 또 글자 간격도 표현하기 힘들다. 그러므로 파워포인트 문서를 만들 때는 내용을 나누어 여러 개의 입력 창에 따로 따로 입력해야 한다.

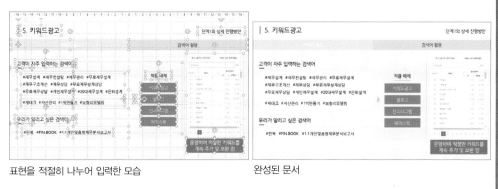

표현을 적절히 나누어 입력한 모습   완성된 문서

▍동적 효과를 주어 표현력을 높여라

슬라이드에 동적 효과를 주는 것을 '전환', 슬라이드 안에 있는 표현들에 동적 효과를 주는 것을 '애니메이션'이라고 한다. 전환과 애니메이션을 잘 활용하면 사람들의 눈길을 끌 수 있고, 다양한 방식으로 내용을 설명하는 데 도움이 된다. 전환과 애니메이션 효과는 영상을 만들 때도 사용된다.

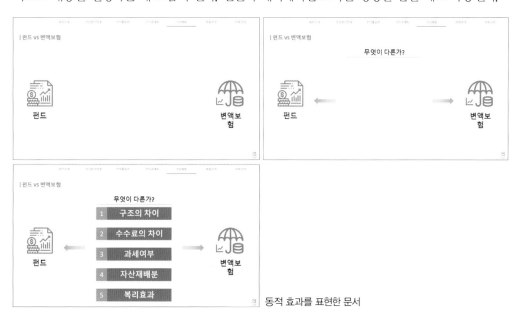

동적 효과를 표현한 문서

동적 효과에서는 '단정함'이 느껴지는 것이 좋다. 사람들은 단정함이 느껴지는 동적 효과를 적용한 문서에서 더 신뢰감을 느끼는데, 촐랑대는 느낌의 동적 효과를 적용한다면 상대방의 경우 이 상황을 가볍게 여기고 있는 것은 아닌지 오해할 수도 있다.

애니메이션 효과를 적용할 때 주의할 점이 있다. 같은 애니메이션 효과를 적용한 내용을 동시에 보여주고 싶다면, 그 내용을 그룹으로 묶은 후 효과를 적용하는 것이 좋다. 이렇게 해야 다른 애니메이션 효과들을 사용하여 하나의 슬라이드를 만들 때 애니메이션의 실행 방식이나 순서를 변경하는 데 헷갈리지 않는 것은 물론 수정하기도 쉬워진다.

순차적으로 보여줄 내용 징하기 → 그룹으로 묶기 → 적절한 애니메이션 적용

발표를 목적으로 문서를 만든다면, 발표 시간을 고려하여 전환 효과와 애니메이션 효과를 적용해야 한다. 전환 효과의 경우는 덜하지만 애니메이션 효과는 세밀하게 사용할수록 더 많은 시간이 필요하기 때문이다.

추천 전환 효과

효과	느낌
닦아내기	세련됨, 다음 슬라이드가 보임
나누기	중요한 내용을 보여주는 느낌 (무대 뒤에서 주인공이 천천히 등장하는 느낌)
페이지 말아 넘기기	서정적인 이야기를 하는 느낌
회전	화제가 전환되는 느낌 (하위 내용이 담긴 간지에서 주로 사용)

추천 애니메이션 효과

효과	느낌
흩어뿌리기	깔끔함, 다음 표현이 보임
닦아내기	지정한 방향성이 강조되어 보임
서서히 위로	중요한 내용을 보여주는 느낌 (주인공이 서서히 무대 위로 올라오듯)
서서히 아래로	중요한 내용을 보여주는 느낌 (주인공이 서서히 무대 아래로 내려오듯)
이동하기	표현이 지정한 위치로 이동되어 보임

플러스알파_
구성력, 가장 오래 걸리고 가장 중요하다

파워포인트 문서 만드는 법을 교육할 때 가장 시간이 많이 걸리는 부분이 무엇인지 생각해보면, 문서를 담을 내용을 담는 '구성' 단계이다. 직장에서 만드는 모든 문서는 어떤 성과를 내기 위해 만든다. 성과를 만드는 데 가장 우선이 되는 것은 일에 도움이 되는 내용을 문서에 담는 것이다. 이렇듯 구성력은 '가장 많은' 시간이 들고, '가장 높은' 중요도를 가진다.

▌좋은 구성이란?

· 문서를 만드는 목적에 맞는 내용을 담는다
· 문서에 담은 내용에 독창성과 차별성이 있다.
· 문서를 보는 사람들이 흥미를 느끼게 하고 몰입하게 한다.

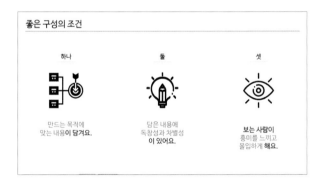

문서를 만드는 목적이 무엇인지는 문서를 만드는 사람이 가장 잘 안다. 문서를 만드는 목적 자체는 구성에 큰 영향을 주지 않는다. 그런데 문서의 목적에 맞는 내용을 담을 때는 사람들마다 이해하는 바가 다르다. 필자가 직장인을 대상으로 교육할 때는 이 부분을 짚어보고, 어려움을 느끼는 점이 있다면 먼저 그것부터 해결하고 간다.

다음은 기획서에 들어가는 내용들이다. 이처럼 보고서, 기획서, 제안서에 들어가야 하는 내용은 정해져 있다. 하지만 교육서는 문서를 만드는 사람에 따라 담는 내용이 달라진다. 공통된 기준이 없다면 문서를 만드는 사람 스스로가 어떤 내용을 담을지 잘 생각해야 한다.

문서에 담는 내용	구체적으로 생각하고 준비해야 하는 내용
1. 사업 개요	사업에 대해 알 수 있는 중요한 내용을 간략히 적는다.
2. 추진 배경 및 필요성	•사업을 하려는 이유를 적는다. •이 사업이 매력적인 이유를 적는다.
3. 사업 추진 목표	•사업을 통해 이루고 싶은 것을 적는다. 　－ 매출과 같이 숫자로 이야기하는 것 　－ 회사나 사회에 주는 가치와 같이 숫자로 이야기하지 않는 것
4. 사업 추진 전략	•사업을 성공시키기 위한 방안들을 적는다. •그 방안들을 어떤 순서로 진행할지 적는다.
5. 조직도	어떤 사람들과 어떻게 팀을 이룰 것인지 적는다.
6. 사업 예산	얼마의 돈을 어디에 들일 것인지 적는다.
7. 사업 일정	계획한 일들을 단계별로 얼마의 시간을 들여서 할 것인지 적는다.

필자는 교육자 및 사업가로 활동하면서 함께할 직원들과 수강생들을 위해 다양한 교육서를 만든다. 그런데 교육서에는 기획서와 제안서 같이 정해진 형식이 없으므로 꼭 필요하다고 생각하는 내용을 알아서 정해야 한다. 문서 작성자가 문서에 어떤 내용을 담아야 하는지 잘 알고 있고, 이를 토대로 문서에 어떤 내용을 담을 것인가를 고민하는 것은 구성력에 있어 꼭 밟아야 할 첫 번째 관문이다.

▎독창성과 차별성

문서에는 만드는 사람의 생각과 정보가 담긴다. 직장에서는 일을 잘하기 위해서 문서를 만들고, 문서를 만든 뒤에는 성과가 나기를 기대한다. 그러기 위해서는 문서에 담는 내용에 남들이 흔히 생각할 수 있는 것과는 다른 독창성과 차별성이 있어야 한다.

"이런 내용을 보고할 거면 문서를 왜 만들어 온 거야?"

"이런 제안을 하려고 굳이 문서를 만든 거예요?"

상사나 관련 업체에게 이런 이야기를 들어본 적이 있는가? 문서에 목적과 맞지 않는 내용을 담는 것은 옷을 입을 때 첫 단추를 잘못 잠근 것과 같은 상황이라고 할 수 있다. 물론 첫 단추만 잘 잠근다고 끝나는 것이 아니다. 두 번째, 세 번째 단추도 첫 단추처럼 잘 잠가야 한다. 문서를 만들 때 잠가야 하는 두 번째 단추는 문서 내용에 이 일이 얼마나 매력적인지, 어려움을 해결할 수 있거나 더 나은 성과를 낼 수 있는 방안이 담겨 있느냐는 것이라고 할 수 있다. 이런 기대를 충족하는 독창성과 차별성을 갖춘 내용을 담기 위해서는 그만큼의 수고가 든다.

필자가 문서를 만들거나 교육을 할 때는 일의 가치를 빛나게 하고, 좋은 성과를 내게 하는 내용을 문서에 담는 데 가장 많은 공을 들인다. 내용을 잘 표현하는 것보다 우선시되는 것은 문서에 좋은 내용을 담는 것이다.

표현을 하기 전 내용을 구성한 문서

▌ 흥미와 몰입도

문서에 좋은 내용을 담는 것 다음에는 무엇이 필요할까? 구성의 마지막 단계는 문서를 보는 사람이 흥미를 느끼고 몰입하게 만드는 것이다. 누구나 아는 내용이라도 어떻게 구성하느냐에 따라 보는 사람이 지루함을 느낄 수도 있고, 시간 가는 줄 모르는 재미를 느낄 수도 있다.

최근에 필자는 재무 컨설턴트의 영업 문서를 만들었다. 문서에는 고객이 이해하기 어려운 내용이 들어 있었다. 특히 '투자'를 주제로 이야기하는 부분이 그랬다. 예를 들어 '채권이란 무엇인가?', '왜 고객에게 안내하는 적금 이자율과 적금이 만기된 후 계산한 이자율이 다른가?' 같이 내용도 어렵고 금융업 종사자들이 사용하는 전문용어들이 많이 사용되었다. 이런 내용을 고객에게 설명한다고 했을 때 내용을 어떻게 '구성'하는가는 내용의 독창성과 차별성만큼이나 중요하다.

고객이 이해하기 어려운 내용을 쉽게 구성한 문서

파워포인트로 어떤 문서를 만들던지 이 책에서 제안하는 12개의 템플릿을 사용한다면 시각적으로 보기 좋은 것은 물론 내용을 쉽게 표현할 수 있고, 흥미와 몰입도가 뛰어난 문서를 만들 수 있다. 12개 템플릿에 내용을 담을 때 여러 가지 창의적인 방법을 활용하면 구성을 보완할 수 있다. 예를 들어 이모티콘을 넣어 친근감 있게 표현하거나, 그래프를 사용하여 쉽게 이해할 수 있게 표현하는 식이다.

이처럼 구성은 내용을 문서에 어떻게 담을지를 결정하는 것이다. 구성이 좋은 문서는 사람들에게 잘 읽히고, 내용이 기억에 남고, 내용에 동참하고 싶은 마음이 들게 한다.

03

PPT를 잘 표현하는
6가지 요소

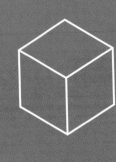

모든 문서에는 내용이 들어간다.

내용을 표현하는 방법은 여러 가지다.

파워포인트에서 내용을 표현할 때 사용하는 요소는

글, 이미지, 픽토그램, 표, 그래프, 도형으로 모두 6가지다.

파워포인트로 문서를 만드는 대부분의 사람들이

가장 많이 사용하는 요소는 글과 이미지인데,

내용을 이해하기 쉽게 만들려면 그것만으로는 한계가 있다.

내용에 따라선 그 이상의 다른 요소들을 활용하여 표현해야 한다.

그러면 여러분이 만든 문서가 다른 사람들과 소통할 때

좋은 커뮤니케이션 수단이 될 수 있을 것이다.

글_
글자, 기호, 글머리 기호

필자가 교육 때마다 '하지 말라'고 강조하는 것이 있다.

"내용을 1문장 이상으로 표현하지 마세요."

파워포인트 문서의 가장 큰 장점은 내용을 다 읽지 않아도 쉽게 이해할 수 있다는 것이다. 이를 위해서는 긴 문장을 넣지 않아야 한다. 보는 사람이 그 문장을 다 읽는 데 시간도 오래 걸리고 이해도 잘 되지 않는다. 내용을 잘 추려서 한 문장으로 표현해야 한다.

직관적으로 이해가 잘 되게 만들기 위해서는 중요한 부분의 색상을 다르게 표현한다. 강조할 내용의 색상을 다르게 하면 자연스럽게 그 부분에 눈길이 간다. 문서를 보는 사람이 어떤 부분이 중요하고 관심을 가져야 하는지 쉽게 알 수 있으므로 대화를 나누는 것도 쉬워진다.

홍보하여 전문 재능기부자 모집	후원금 공정하게 사용하기	더 짜임새 있는 운영기반 만들기

강조하는 내용의 색상을 파란색으로 표현한 문서

예제 파일 유형1_개요(Overview)/예제1.ppt

글자 입력하고 정렬하기

1. [홈] 메뉴–[그리기] 목록에서 ❶ 텍스트 상자를 클릭한 후 ❷ 화면을 클릭한다.

2. 텍스트 상자가 나타나면 다음과 같이 ❸ 글자를 입력하고 ❹ 글꼴 '나눔명조', 크기 '28', 왼쪽 맞춤으로 설정한다.

예제 파일 유형1_개요(Overview)/예제2.ppt

기호 입력하기

1. [홈] 메뉴–[그리기] 목록에서 ❶ 텍스트 상자를 클릭한 후 ❷ 화면을 클릭한다.

2. 텍스트 상자가 나타나면 [삽입] 메뉴–[기호] 목록에서 ❸ 기호를 클릭한다.

단축키 »
[기호] 대화상자 실행 : 글자를 입력할 수 있는 상태에서 순서대로 Alt N U 누르기

3. [기호] 대화상자가 나타나면 [하위집합]에서 ❶ 라틴어-1 추가를 선택한다. 목록에서 ❷ · 기호를 더블클릭한다.

4. 기호가 삽입되면 ❶ 글자를 입력하고 ❷ 글꼴 '나눔명조', 크기 '28', 왼쪽 맞춤, 굵게로 설정한다.

예제 파일 유형10_조직도/예제1.ppt

글머리 기호 입력하기

1. ❶ 도형을 선택한 후 [홈] 메뉴-[단락] 목록에서 ❷ [글머리 기호]-[속이 찬 둥근 글머리 기호]를 클릭한다.

2. 글머리 기호가 입력되면 ❸ 글자를 입력하고 ❹ 글꼴 '나눔바른고딕', 크기 '20', 왼쪽 맞춤으로 설정한다.

3. 눈금자에서 눈금 조절 슬라이더를 드래그하여 기호와 글자 사이의 간격을 조절한다.

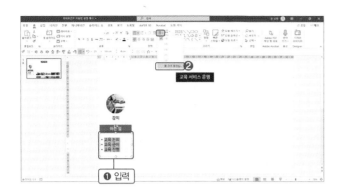

4. 다음과 같이 ❶ 글자를 입력한 후 [홈] 메뉴–[단락] 목록에서 ❷ [줄 간격]–[줄 간격 옵션]을 클릭한다.

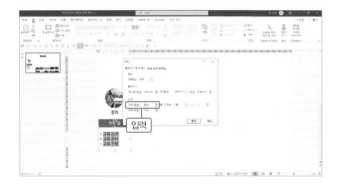

5. [단락] 대화상자가 나타난다. [간격] 항목의 [단락 앞]에 **숫자**를 입력하면 글자 간의 세로 간격이 조절된다.

글자색 바꾸기

방법 1 [글꼴 색]에서 선택하기

❶ 강조할 글자를 선택한 후 [홈] 메뉴–[글꼴] 목록의 [글꼴 색]에서 ❷ 노랑을 클릭한다.

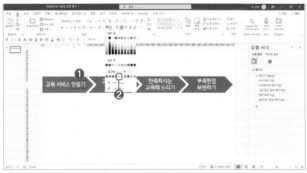

예제 파일 유형5_절차/예제1.ppt

예제 파일 유형7_전후/예제1.ppt

방법 2 [글꼴 색]에서 색상 값 입력하기

1. ❶ 글자를 선택한 후 [홈] 메뉴-[글꼴] 목록에서 ❷ [글꼴 색]-[다른 색]을 클릭한다.

단축키 》
[색] 대화상자 실행 : [글꼴 색]을 클릭한 후 M 누르기

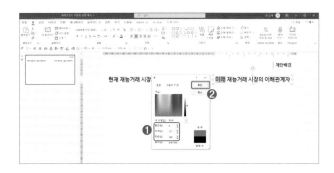

2. [색] 대화상자의 [사용자 지정] 화면에서 색상 값으로 ❶ 빨강(R) '0', 녹색(G) '121', 파랑(B) '248'을 입력한다. ❷ [확인]을 클릭하면 글자색이 바뀐 것을 알 수 있다.

예제 파일 유형5_절차/예제2.ppt

방법 3 스포이트로 다른 색상 가져오기

1. ❶ 글자를 선택한 후 [홈] 메뉴-[글꼴] 목록에서 ❷ [글꼴 색]-[스포이트]를 클릭한다.

단축키 》
스포이트 기능 실행 : [글꼴 색]을 누른 후 E 누르기

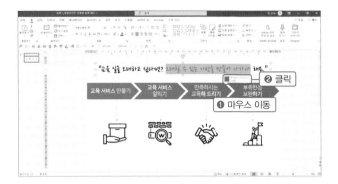

2. 마우스 포인터가 스포이트 모양으로 바뀌면 ❶ 도형 쪽으로 마우스를 이동한다. 마우스 포인터에 ❷ 파랑이 나타나면 클릭한다. 선택한 부분의 글자색이 바뀐다.

TIP

글자에 적용된 효과 없애기

파워포인트 문서를 만들다보면 글자에 적용된 효과를 없애고 싶은 상황이 생긴다. 이때 메모장을 활용하면 글자에 적용된 효과를 감쪽같이 없앨 수 있다.

1. 파워포인트에 입력된 내용을 선택한 후 Ctrl + X 를 눌러 잘라낸다.

2. 메모장을 실행하여 Ctrl + V 를 누르면 잘라낸 내용이 나타난다. Ctrl + C 를 눌러 복사한다.

3. 파워포인트 화면에서 Ctrl + V 를 누른다. 적용된 효과가 모두 사라진 내용이 나타난다.

이미지_
다운로드, 삽입, 크기, 모양, 배경, 투명도

'백 마디 말보다 한 번 보는 게 낫다'는 속담이 있다. 속담이 뜻하는 것처럼 여러 줄의 텍스트보다 한 장의 이미지가 주는 효과는 그 어떤 표현법보다 강렬하다. 아이폰으로 유명한 에플 사의 스티브 잡스는 발표할 때마다 몇 가지 단어와 이미지로 만든 문서를 사용했고, 늘 대중의 열렬한 호응을 받았다.

대부분의 사람들은 문서를 만들 때 인터넷에서 찾은 이미지를 사용한다. 여러분은 주로 어떤 사이트에서 이미지를 찾는가? 필자는 주로 언스플래시 사이트(unsplash.com)를 이용한다. 표현력이 뛰어난 이미지가 많고, 저작권에 문제가 없고, 무료이니 맘껏 사용하면 된다.

TIP

배경이 투명한 이미지 만들기

상품, 인물, 로고 이미지로 PPT를 만들 때 배경이 투명한 이미지를 사용하면 좋다. 문서에 배경이 투명한 이미지를 삽입하면 배경에 여러 가지 색상, 패턴, 그러데이션 등을 넣어 다른 요소들과 조화롭게 만들 수 있다.

인터넷에서 찾은 이미지의 대부분에는 흰색을 비롯한 다양한 배경색이 있다. 이미지의 배경색을 투명하게 만들고 싶다면 removebg 사이트를 이용해보자. 빠르고 쉽게 배경을 투명하게 바꿀 수 있다.

1. remove.bg/ko 사이트에서 [이미지 업로드]를 클릭한다. [열기] 대화상자가 나타나면 배경을 제거할 이미지 파일을 선택한다.

2. 배경이 제거된 이미지가 나타난다. [다운로드]를 클릭하여 이미지를 저장한다.

▎이미지 다운로드하기

언스플래시 사이트(unsplash.com)에 접속하여 검색과 관련된 이미지를 찾기 위해 'search'를 입력한다. 검색 결과에서 원하는 이미지의 다운로드 버튼을 클릭하면 이미지를 다운로드할 수 있다.

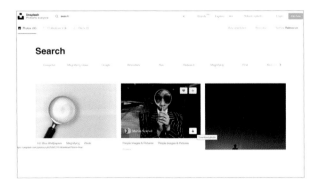

예제 파일 유형1_개요/예제3.ppt

이미지 삽입하기

1. [삽입] 메뉴–[이미지] 목록에서 ❶ [그림]–[이 디바이스]를 클릭한다.

2. [그림 삽입] 대화상자가 나타나 ❷ 이미지 파일을 선택하면 화면에 이미지가 삽입된다.

단축키 》
[그림 삽입] 실행 : 순서대로 Alt, N, P, D 누르기

예제 파일 유형7_전후/예제2.ppt

이미지 크기 조절하기

❶ 이미지를 선택한 후 빠른 실행 도구모음의 ❷ [도형 높이]나 [도형 너비]에 숫자를 입력하면 이미지의 크기를 늘리거나 줄일 수 있다.

PAGE 빠른 실행 도구모음 설치하기 10쪽

예제 파일 유형10_조직도/예제2.ppt

이미지를 원하는 모양으로 만들기

1. 정사각형 이미지

❶ 이미지를 선택한 후 빠른 실행 도구모음의 ❷ [자르기]–[가로 세로 비율]에서 1:1을 클릭한다. 이미지 위에 정사각형 모양이 나타나면 ❸ 이미지를 드래그하여 원하는 부분을 맞춘 후 ❹ 빈 화면을 클릭한다.

2. 원형 이미지

❶ 이미지를 선택한 후 ❷ [서식] 메뉴–[크기] 목록의 [자르기]–[도형에 맞춰 자르기]에서 타원을 클릭한다.

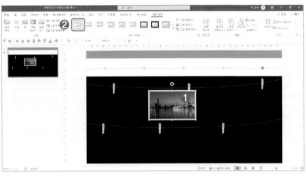

예제 파일 유형9_연혁/예제1.ppt

3. 액자 이미지

❶ 이미지를 선택한 후 ❷ [서식] 메뉴–[그림 스타일] 목록에서 단순형 프레임, 흰색을 클릭한다.

배경에 이미지 삽입하기

1. 슬라이드의 빈 곳을 ❶ 마우스 오른쪽 버튼으로 클릭한다. 단축 메뉴가 나타나면 ❷ [배경 서식]을 클릭한다.

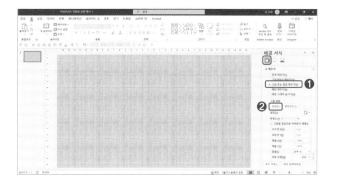

2. [배경 서식] 메뉴가 펼쳐지면 ❶ [채우기]–[그림 또는 질감 채우기]를 선택한다. 배경에 기본 이미지가 나타나면 이미지를 교체하기 위해 ❷ [그림 원본]–[삽입]을 클릭한다.

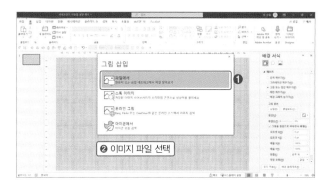

3. [그림 삽입] 대화상자가 나타나면 ❶ [파일에서]를 클릭한 후 ❷ 이미지 파일을 선택한다.

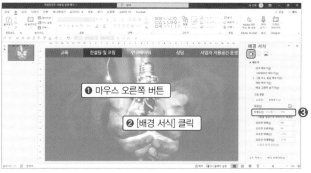

예제 파일 유형2_개요(Roadmap)/예제1.ppt

배경 이미지 희미하게 만들기

1. 배경 이미지가 삽입된 슬라이드 화면을 ❶ 마우스 오른쪽 버튼으로 클릭한다. 단축 메뉴에서 ❷ [배경 서식]을 클릭한다.

2. [배경 서식] 메뉴의 ❸ [채우기]–[투명도]에 50을 입력한다. 배경 이미지가 희미해진다.

픽토그램_
다운로드, 삽입, 크기, 색상

'아이콘'이라고도 부르는 픽토그램은 '어떤 대상이나 그 대상이 하는 활동을 쉽게 표현한 그림'이다. 필자는 문서를 만들 때 글과 픽토그램을 함께 사용하는 편이다. 글로만 이루어진 문서보다 글과 픽토그램이 같이 들어간 문서가 훨씬 더 이해하기 쉽기 때문이다. 그렇다고 글은 빼고 픽토그램만 사용하면 내용이 정확하게 전달되지 않으므로 가급적 글과 픽토그램을 함께 사용하는 것이 좋다.

픽토그램은 스마트폰 화면처럼 작은 화면에서 장점이 두드러진다. 픽토그램을 보면 설명을 듣지 않아도 어떤 내용을 나타내는지 쉽게 이해할 수 있다. 또 여러 개를 사용해도 다른 요소들과 잘 어울려 보기가 좋다. 그렇다고 '픽토그램을 많이 넣으면 무조건 좋겠네?!'라고 생각해선 곤란하다. 픽토그램이 많이 들어가면 내용은 쉽게 이해되겠지만 유치해 보이거나 무게감이 떨어져 보일 수 있다. 특히 엄숙한 분위기에서 발표해야 하는 문서라면 픽토그램을 신중하게 사용해야 한다.

픽토그램 다운로드하기

1. ❶ 플랫아이콘 사이트(flaticon. com)에 접속하여 검색어로 ❷ ppt를 입력한다. 검색 결과에서 마음에 드는 ❸ 이미지를 클릭한다.

2. 상세 화면이 나타나면 [SVG]를 클릭한 후 [Free download]를 클릭하여 저장한다.

TIP

플랫아이콘 사이트에서 픽토그램 다운로드하기

1. 검색할 때는 영어 단어(like, business, building)를 사용한다.

2. 한 가지 색상으로 된 픽토그램을 선택한다. 요소들을 조화롭게 만들 수 있다면 다양한 색으로 구성된 픽토그램을 선택해도 된다.

3. 되도록 SVG 파일 형식을 다운로드한다. 다운로드한 파일이 파워포인트에서 열리지 않는다면 PNG 파일 형식을 다운로드한다.

4. 픽토그램에 노란색 왕관이 표시되어 있는 것은 유료 이미지다. 유료 서비스를 구매했다면 다운로드할 수 있다.

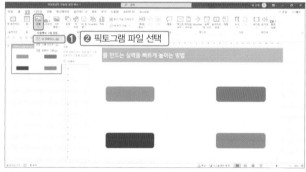

예제 파일 유형11_순환구조/예제1.ppt

픽토그램 삽입하기

1. [삽입] 메뉴–[이미지] 목록에서 ❶ [그림]–[이 디바이스]를 클릭한다.

2. [그림 삽입] 대화상자가 나타나면 ❷ 픽토그램 파일을 선택한다.

단축키 》
[그림 삽입] 실행 : 순서대로 Alt, N, P, D 누르기

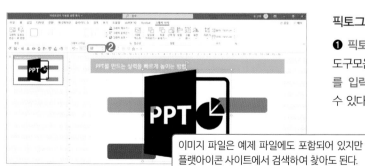

이미지 파일은 예제 파일에도 포함되어 있지만 플랫아이콘 사이트에서 검색하여 찾아도 된다.

픽토그램 크기 줄이기

❶ 픽토그램을 클릭한 후 빠른 실행 도구모음의 ❷ [도형 너비]에서 숫자를 입력하면 크기를 늘리거나 줄일 수 있다.

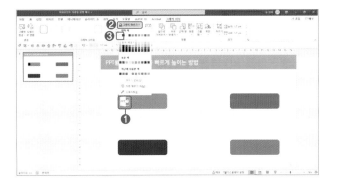

픽토그램 색상 바꾸기

방법 1 테마 색 적용하기

❶ 픽토그램을 클릭한 후 [서식] 메뉴–[그래픽 스타일] 목록에서 ❷ [그래픽 채우기]를 클릭한 후 테마 색에서 ❸ 흰색, 배경 1을 선택한다.

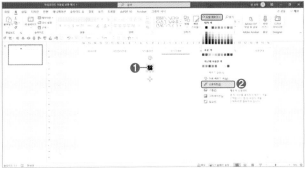

방법 2 스포이트 기능으로 색상 변경하기

1. 색상을 변경할 ❶ 픽토그램을 클릭한 후 [홈] 메뉴–[그리기] 목록에서 ❷ [도형 채우기]–[스포이트]를 클릭한다.

예제 파일 유형8_상세방안/예제1.ppt

2. 마우스 포인터가 스포이트 모양으로 바뀌면 ❶ 마우스를 선 쪽으로 이동시킨다. ❷ 주황색이 나타나면 클릭한다.

3. 픽토그램이 주황색으로 바뀐다.

표_
삽입, 디자인, 글자 입력, 셀 병합

표는 체계적으로 정리된 내용을 표현할 때 사용하면 좋은 요소다. 일정한 기준으로 나눈 내용의 공통점이나 차이점을 비교할 때 표를 많이 사용한다. 내용을 정리하여 문서화하는 것이 익숙하지 않다면, 우선 내용을 표로 정리하는 연습을 해보는 것이 좋다. 내용을 표로 잘 정리하기만 해도 긴 문장을 쓰는 경우를 줄일 수 있다.

이 책에서 다루는 12가지 템플릿에는 표가 들어가지 않는다. 글, 이미지, 픽토그램 등의 요소가 표보다는 내용을 좀 더 쉽게 이해하게 해주기 때문이다. 그러나 영업 실적이나 예산 같은 숫자 관련 정보를 담아야 할 경우에는 표를 사용하는 것이 더 낫다.

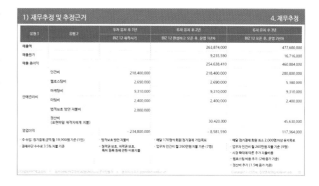

예제 파일 기타/표1.ppt

표 삽입하기

[삽입] 메뉴에서 ❶ [표]를 클릭한 후 ❷ 칸 수를 선택하면 표가 삽입된다.

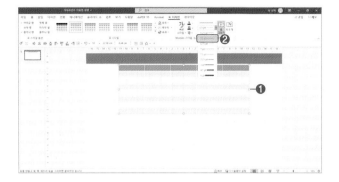

표 테두리 설정하기

1. ❶ 표를 선택한 후 [디자인] 메뉴-[테두리 그리기] 목록에서 ❷ [펜 두께]-[0.5pt]를 클릭한다.

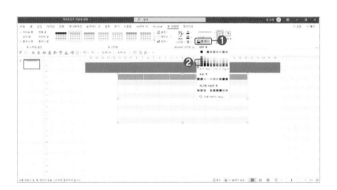

2. [디자인] 메뉴-[테두리 그리기] 목록에서 ❶ [펜 색]을 클릭한 후 테마 색에서 ❷ 흰색, 배경 1, 25% 더 어둡게를 클릭한다.

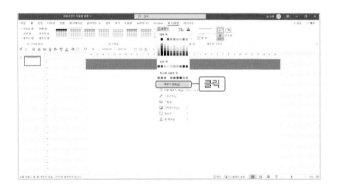

3. [디자인] 메뉴-[표 디자인] 목록에서 [음영]-[채우기 없음]을 클릭한다.

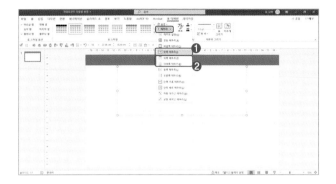

4. [디자인] 메뉴–[표 스타일] 목록에서 ❶ [테두리]–[안쪽 테두리]를 클릭한다. 그런 다음 ❷ [위쪽 테두리]와 [아래쪽 테두리]도 클릭한다.

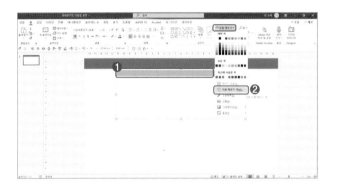

표에 다른 색상 채우기

1. 표의 ❶ 맨 위 부분을 선택한 후 [홈] 메뉴–[그리기] 목록에서 ❷ [도형 채우기]–[다른 채우기 색]을 클릭한다.

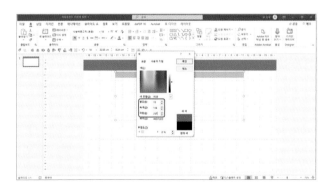

2. [색] 대화상자의 [사용자 지정] 화면에서 색상 값으로 빨강(R) '13', 녹색(G) '114', 파랑(B) '237'을 입력한다.

표에 글자 입력하고 정렬하기

1. 표를 클릭한 후 표 안에 ❶ 내용을 입력하고 ❷ 글꼴 '나눔바른고딕', 크기 '18', 가운데 맞춤으로 설정한다.

2. 표에서 ❶ 하나로 합칠 부분을 선택한 후 ❷ 마우스 오른쪽 버튼을 클릭한다. 단축 메뉴에서 ❸ [셀 병합]을 클릭하면 선택한 부분이 하나로 합쳐진다.

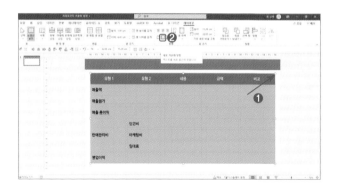

3. 표의 각 모서리 끝에 있는 ❶ 크기조절점을 드래그하여 크기를 늘린다. 그런 다음 [레이아웃] 메뉴-[맞춤] 목록에서 ❷ 세로 가운데 맞춤을 클릭한다.

4. 표에서 ❶ 가로 간격을 똑같이 만들고 싶은 부분을 선택한 후 빠른 실행 도구모음에서 ❷ [열 너비를 같게]를 클릭한다. 선택한 부분의 가로 간격이 같아진다.

그래프_
삽입, 요소 삭제, 모양·크기·색상 변경

그래프는 '매달 사업하여 번 수익' 같이 양적인 수치를 시각화하여 보여줄 때 사용하는 표현방법이다. 문서 작성자가 맡은 일이 무엇인지에 따라 그래프의 사용 빈도가 달라진다. 영업이나 회계같이 주로 숫자를 설명해야 하는 부서에서는 그래프 사용 빈도가 압도적으로 높다. 그래프를 사용한 문서와 사용하지 않은 문서의 차이가 매우 크기 때문이다.

양적인 수치를 시각화해서 보여주기 위해 그래프를 사용한다면 설명하는 내용을 가장 잘 표현해줄 그래프를 선택해야 한다. 가장 많이 사용하는 그래프의 종류는 5가지다.

그래프를 사용할 때는 가급적이면 사람들에게 익숙한 종류를 사용하는 것이 좋다. 연도별 수치를 비교해서 보여줄 때는 세로막대형 그래프를 사용하는 것이 좋은데, 연도별로 수치를 비교하는 대부분의 내용이 세로막대형 그래프로 표현되어 사람들이 내용을 더 쉽게 이해할 수 있기 때문이다.

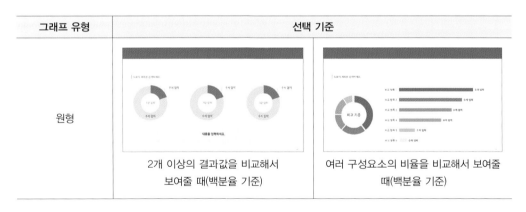

그래프 유형	선택 기준	
원형	2개 이상의 결과값을 비교해서 보여줄 때(백분율 기준)	여러 구성요소의 비율을 비교해서 보여줄 때(백분율 기준)

가로막대형	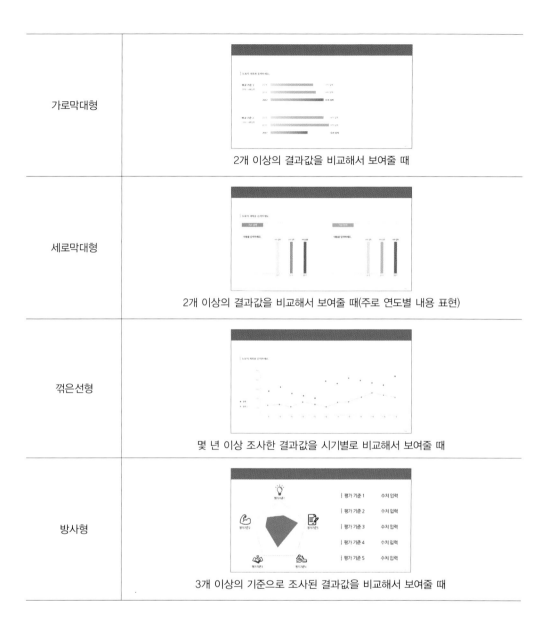 2개 이상의 결과값을 비교해서 보여줄 때
세로막대형	2개 이상의 결과값을 비교해서 보여줄 때(주로 연도별 내용 표현)
꺾은선형	몇 년 이상 조사한 결과값을 시기별로 비교해서 보여줄 때
방사형	3개 이상의 기준으로 조사된 결과값을 비교해서 보여줄 때

예제 파일 유형4_비교대조/예제1.ppt

그래프 삽입하기

1. [삽입] 메뉴-[일러스트레이션] 목록에서 [차트]를 클릭한다.

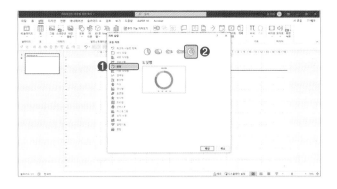

2. [차트 삽입] 대화상자가 나타나면 ❶ [원형]을 클릭한 후 ❷ 도넛형을 선택한다. 도넛형 그래프가 삽입된다.

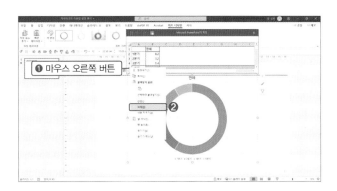

그래프 모양 변경하기

1. 데이터를 입력하는 엑셀 형식의 창에서 ❶ 5행을 마우스 오른쪽 버튼으로 클릭한다. 단축 메뉴가 나타나면 ❷ [삭제]를 클릭한다.

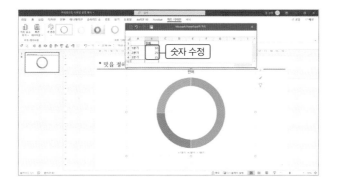

2. 각 행에 입력된 숫자를 수정한다. 그래프의 색상별 비율이 바뀐다.

그래프 요소 삭제하기

1. 그래프의 ❶ 맨 위에 있는 글자를 마우스 오른쪽 버튼으로 클릭한다. 단축 메뉴가 나타나면 ❷ [삭제]를 클릭한다.

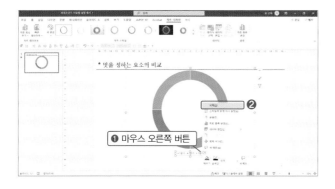

2. 그래프의 ❶ 아래쪽 글자를 마우스 오른쪽 버튼으로 클릭한다. 단축 메뉴가 나타나면 ❷ [삭제]를 클릭한다.

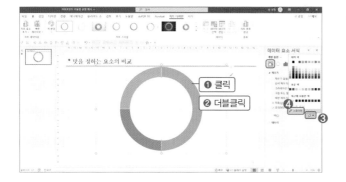

그래프 조각의 색상 변경하기

1. 그래프의 ❶ 첫 번째 조각을 클릭한 후 ❷ 더블클릭한다. [데이터 요소 서식] 메뉴 화면이 나타나면 ❸ [채우기]−[색] 버튼을 클릭한 후 ❹ [스포이트]를 클릭한다.

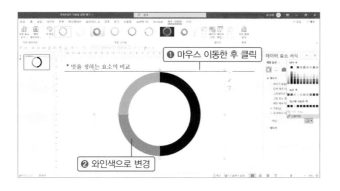

2. ❶ 와인색 선으로 마우스를 이동하여 와인색이 나타날 때 클릭한다. 선택된 영역의 색이 바뀐다.

3. 같은 방법으로 ❷ 두 번째 조각의 색상도 와인색으로 바꾼다.

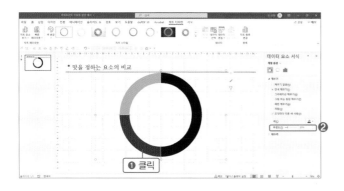

4. ❶ 두 번째 조각을 클릭한 후 [데이터 요소 서식] 메뉴 화면에서 ❷ [채우기]−[투명도]에 20을 입력한다. 선택한 영역의 색상이 연해진다.

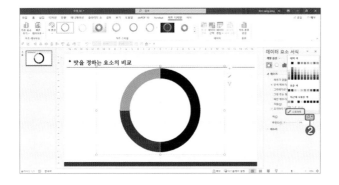

5. ❶ 세 번째 조각을 클릭하여 선택한다. 지금까지와 같은 방법으로 조각의 색상을 와인색으로 바꾼다. [데이터 계열 서식] 메뉴 화면에서 ❷ [채우기]-[색] 버튼을 클릭한 후 [스포이트]를 선택한다.

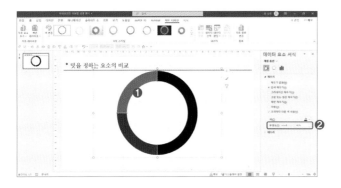

6. 색상이 바뀐 ❶ 세 번째 조각을 클릭한 후 [데이터 요소 서식] 메뉴 화면의 [채우기]-[투명도]에서 ❷ 40을 입력한다.

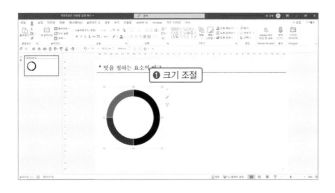

7. 그래프를 클릭한 후 오른쪽 위쪽의 ❶ 크기조절점을 드래그하여 크기를 줄인다. 그런 다음 그래프를 ❷ 왼쪽으로 이동시킨다.

TIP

크기를 조절하기 전 그래프의 좌우에는 불필요한 여백이 많다. 여백을 남겨두면 이후에 여러 가지 요소를 배치할 때 불편해지므로 그래프의 크기를 작게 조절하여 여백을 줄이는 것이 좋다.

도형
_삽입, 색상, 글자 입력, 그러데이션, 연결선

도형은 문서에 사람들의 시선을 집중시키고 내용이 잘 이해되게 도와주는 표현방법이다. 물론 도형만 사용해서는 어떤 내용을 말하는지 알 수 없다. 글, 이미지, 픽토그램처럼 그 자체가 내용을 담고 있진 않기 때문이다. 도형은 다른 표현법들을 돋보이게 만든다. 예를 들어, 도형 안에 글자를 넣으면 다른 어떤 방법을 사용할 때보다 더 내용에 눈길이 가게 된다. 다음의 예시를 보자. 도형 안에 글자를 넣어 내용에 좀 더 집중할 수 있게 만들었다.

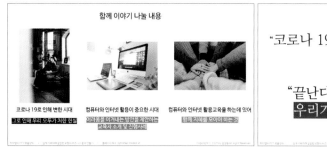

도형의 각 꼭짓점에 내용을 넣으면 문서에서 말하고자 하는 주제와 관련된 내용이라는 것을 쉽게 알 수 있다.

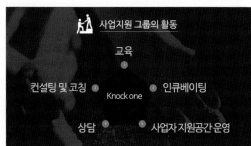

문서에서 순서를 보여줄 때 ▶▶▶ 같은 도형을 사용하면 내용을 좀 더 직관적으로 알 수 있다.

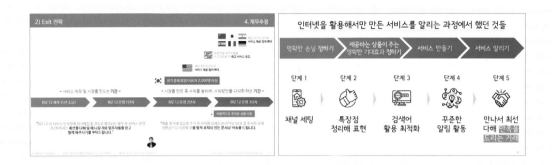

도형을 잘 사용하면 분명 도움이 되지만 너무 많이 사용하면 문서가 산만하고 지저분해 보일 수 있다. 도형은 필요한 만큼만, 또 내용이 잘 이해되도록 힘을 더하는 용도로만 사용하자. 도형이 다른 표현법의 조력자로만 기능한다면 문서 안에서 제 역할을 잘 해낼 것이다.

예제 파일 기타/도형1.ppt

도형 삽입하기

[홈] 메뉴–[그리기] 목록에서 ❶ 사각형: 둥근모서리를 선택하고 ❷ 화면에서 원하는 모양으로 그리면 도형이 삽입된다. 도형의 ❸ 노란색 점을 드래그하여 모서리를 둥글게 만든다.

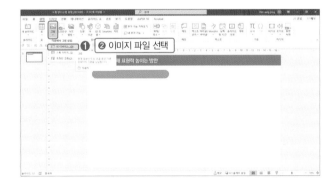

도형 색상 바꾸기

1. 도형에 적용할 색상이 포함된 이미지를 불러오기 위해 [삽입] 메뉴–[이미지] 목록에서 ❶ [그림]–[이 디바이스]를 클릭하고 ❷ 이미지 파일을 선택한다.

단축키 》
[그림 삽입] 실행 : 순서대로 Alt N P D 누르기

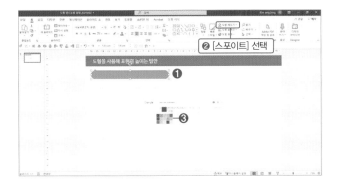

2. ❶ 도형을 클릭한 후 [홈] 메뉴-
[그리기] 목록에서 ❷ [도형 채우기]-
[스포이트]를 클릭한다.

3. ❸ 마우스를 이미지에서 원하는
부분으로 이동하여 색상이 나타나면
클릭한다. 도형의 색이 바뀐다.

단축키 》
[스포이트] 실행 : [도형 채우기] 클릭 후 E
누르기

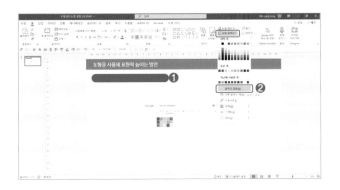

4. ❶ 도형을 클릭하고 [홈] 메뉴-[그
리기] 목록에서 ❷ [도형 윤곽선]-[윤
곽선 없음]을 클릭한다.

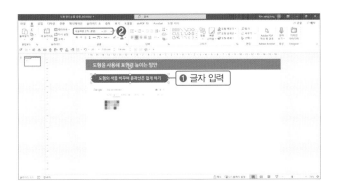

도형 안에 글자 입력하기

도형 안에 ❶ 글자를 입력하고 [홈]
메뉴-[글꼴] 목록에서 ❷ 글꼴 '나눔
바른고딕', 크기 '20', 가운데 맞춤으
로 설정한다.

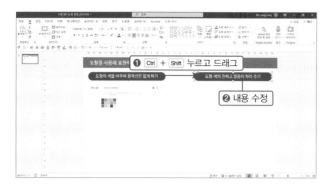

도형 복사하기

❶ 도형을 클릭한 후 Ctrl + Shift 를 누르고 오른쪽으로 드래그한다. 도형이 복사되어 나타난다. 복사된 도형의 ❷ 내용을 수정한다.

TIP

도형을 복사하는 방법

❶ Ctrl + Shift + 드래그 : 원래 도형의 가로나 세로 위치에 맞추어 복사

❷ Ctrl + 드래그 : 원하는 위치에 자유롭게 복사

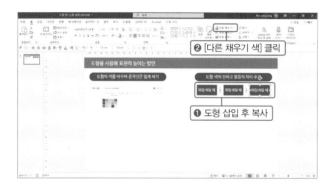

도형의 명도 및 투명도 조절하기

1. ❶ 직사각형을 삽입하고 복사한다. [홈] 메뉴–[그리기] 목록에서 ❷ [도형 채우기]–[다른 채우기 색]을 클릭한다.

단축키 »
[색] 대화상자 실행 : [도형 채우기] 클릭 후 M 누르기

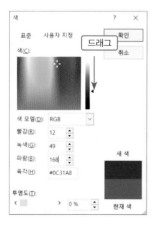

2. [색] 대화상자의 [사용자 지정] 화면에서 색의 명도(밝고 어두움)를 조절하는 화살표를 아래로 내려 진한 색을 선택한다.

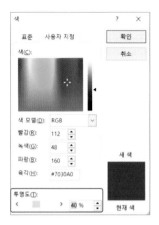

3. 같은 방법으로 [색] 대화상자의 [사용자 지정] 화면에서 [투명도]에 숫자를 입력하면 도형의 투명도를 조정할 수 있다.

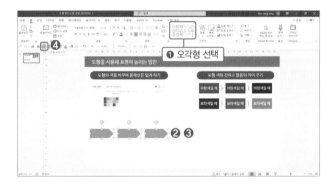

도형에 그러데이션 적용하기

1. [홈] 메뉴-[그리기] 목록에서 ❶ 화살표: 오각형을 선택하여 삽입한 후 ❷ 도형을 2개 복사한다.

2. ❸ 도형을 모두 선택한 후 단축 버튼에 있는 ❹ [가로 간격을 동일하게]를 클릭한다. 도형들의 가로 간격이 일정해진다.

TIP

Ctrl + Shift 를 누른 채 도형을 드래그하면 도형이 복사되어 나타난다.

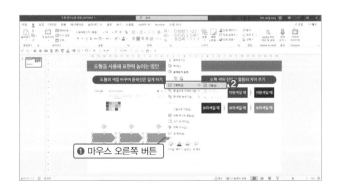

3. 도형들이 모두 선택된 상태에서 ❶ 마우스 오른쪽 버튼을 클릭한다. 단축 메뉴에서 ❷ [그룹화]-[그룹]을 클릭한다.

단축키 》
그룹화 : 개체 모두 선택한 후 Ctrl + G 누르기

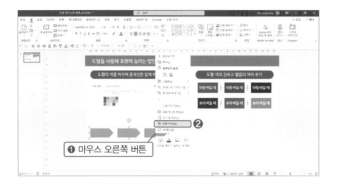

4. 그룹화된 도형을 ❶ 마우스 오른쪽 버튼으로 클릭한다. 단축 메뉴가 나타나면 ❷ [도형 서식]을 클릭한다.

5. [도형 서식] 메뉴 화면의 [채우기]에서 ❶ [그라데이션 채우기]를 선택한다. ❷ [방향]-[선형 오른쪽]을 선택한다.

6. [그라데이션 중지점]의 중간에 있는 ❸ 중지점들을 클릭한 후 Delete 을 눌러 삭제한다. ❹ 맨 왼쪽 중지점을 클릭한 후 ❺ [색]-[다른 색]을 클릭한다.

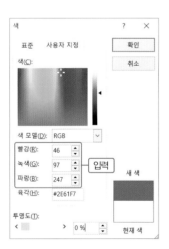

7. [색] 대화상자의 [사용자 지정] 화면에서 빨강(R) '46', 녹색(G) '97', 파랑(B) '247'을 입력한다.

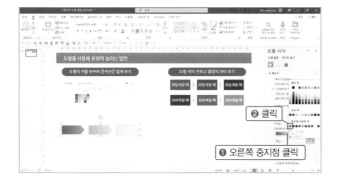

8. 그라데이션 중지점의 ❶ 오른쪽 중지점을 클릭한 후 [색]을 클릭하여 '최근에 사용한 색'에서 ❷ 가장 왼쪽에 있는 색을 선택한다.

TIP

왼쪽부터 가장 최근에 사용한 색들이 나타난다.

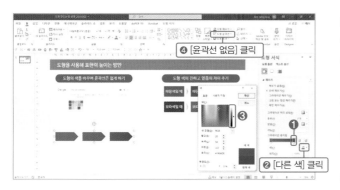

9. 그라데이션 중지점의 ❶ 오른쪽 중지점을 다시 클릭한 후 ❷ [색]–[다른 색]을 클릭한다.

10. [색] 대화상자의 [사용자 지정] 화면에서 ❸ 색의 명도를 조절하는 화살표를 아래로 내려 진한 색을 선택한다.

11. 도형을 클릭한 후 [홈] 메뉴–[그리기] 목록에서 ❹ [도형 윤곽선]–[윤곽선 없음]을 클릭한다.

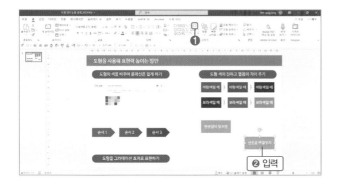

연결선으로 도형 연결하기

1. [홈] 메뉴–[그리기] 목록에서 ❶ 직사각형을 선택하고 삽입한다. 직사각형 안에 ❷ 글자를 입력하고 글꼴을 설정한다.

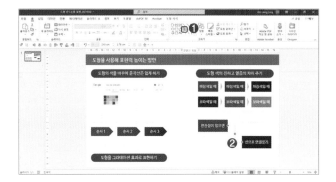

2. [홈] 메뉴-[그리기] 목록에서 ❶ 연결선: 꺾임을 클릭한 후 다음과 같이 2개의 도형이 연결되도록 ❷ 삽입한다.

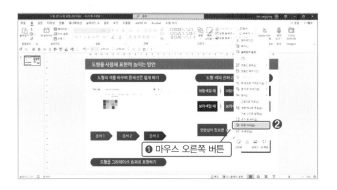

3. 연결선을 ❶ 마우스 오른쪽 버튼으로 클릭한다. 단축 메뉴에서 ❷ [도형 서식]을 클릭한다.

4. [도형 서식] 메뉴 화면의 [선]-[화살표 꼬리 유형]에서 **화살표**를 클릭한다.

04

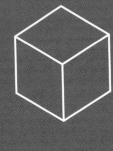

온라인에서
더 통하는
12가지 템플릿

파워포인트 문서로 이루어지는 커뮤니케이션 상황을 살펴보자.

'무엇보다 신속함이 우선이다.'

'여러 가지 일을 하면서 문서를 만드는 게 그렇게까지 중요하지 않을 수 있다.'

'만든 문서를 이메일로 보낸 다음에 그 문서에 대해 대화할 기회가 없을 수 있다.'

이런 다양한 상황에도 불구하고 공통으로 적용해야 할 것은

사람들이 보고

쉽게 이해해야 한다는 것이다.

만든 문서가 보기에도 좋다면? 당연히 문서를 만든 효과는 배가되어

원하는 결과를 얻기가 더 쉬워질 것이다.

4장에서 제시하는 12가지 템플릿은 파워포인트 문서의 장점인

시각화(쉽게 이해시키는 것을 목적으로 한)를 가장 편리하게 만들어주는 방법이다.

내용을 이해하고 경험을 쌓는다면 누구나 쉽고 간단하게

파워포인트 문서를 만들 수 있을 것이다.

파워포인트 문서,
12가지 템플릿으로 다 된다

필자가 온라인 기획자로 일하던 시절부터 교육자 및 사업가로 일하고 있는 지금까지 보고서, 기획서, 제안서, 매뉴얼, 홍보물 같은 다양한 문서를 만들면서 깨달은 사실은 모든 문서에 공통으로 적용되는 점이 있다는 것이다. A회사, B회사, C회사가 만든 문서의 내용은 다르지만 주제가 같을 경우 내용을 표현하는 방식은 비슷하다. 특히 똑같은 레이아웃(문서에서 글이나 그림 등을 효과적으로 정리하고 배치하는 것)을 사용한다는 점이 흥미로웠다.

그래서 자주 사용되는 레이아웃들을 정리해서 교육하면 학생들에게 도움이 되겠다고 생각하고 레이아웃을 12가지로 분류했다. 12개 레이아웃을 보면 어떤 템플릿이 문서에서 자주 사용되는지 알 수 있고, 그로 인해 문서를 작성할 때 자신감을 가질 수 있다. 그렇게 만든 문서는 보는 사람이 쉽게 이해할 수 있다.

사람들은 대화를 나눌 때 말을 한다. 말은 형체가 없고 보이지 않는다. 내용을 다 들어야 이해가 된다. 어떤 부분은 이해되지 않거나 서로가 다르게 이해할 때도 있다. 말과 다르게 글은 형체가 있다. 내용을 읽고 나면 이해가 된다. 하지만 글 또한 어떤 부분에선 이해가 안 되거나 다르게 이해되기도 한다. 말과 글은 좋은 의사소통 도구지만 내용을 이해시키고 시간을 효율적으로 사용하는 데 아쉬운 면이 있다. 누구나 쉽게 이해하는 문서를 만들고 싶다면? 적절한 시각화가 필요하다.

문서에 담을 내용을 시각화할 때는 12가지 템플릿을 사용하면 좋다. 템플릿 속 레이아웃이 말을 할 줄 안다면 아마 이렇게 말할 것이다. "지금부터 이 주제로 당신에게 이야기를 시작할 거예요." 예를 들어보자. 12가지 템플릿 중 하나인 '절차'는 어떤 일을 순서대로 하는 것을 나타낸다. 절차에 대해 말과 글로만 설명하는 것보다 '절차' 레이아웃을 이용해서 표현한다면? 문서를 보는 사람들이 훨씬 쉽게 이해할 수 있을 것이다.

활용 빈도가 높은 템플릿 7개

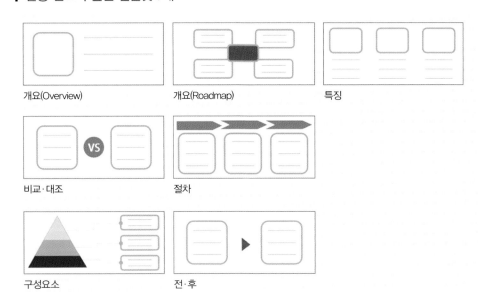

개요(Overview)

개요(Roadmap)

특징

비교·대조

절차

구성요소

전·후

활용 빈도가 낮은 템플릿 5개

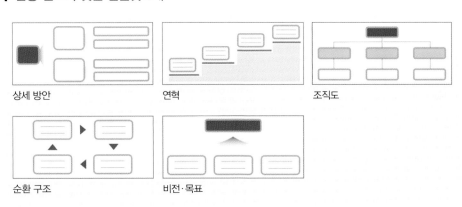

상세 방안

연혁

조직도

순환 구조

비전·목표

템플릿 1
개요(Overview)
간결하게 추려낸 내용

개요(Overview)는 '간결하게 추려낸 내용'을 말한다. '개요' 템플릿은 사용 빈도가 높다. 어떤 내용을 설명하거나 소개하는 내용을 간략하게 정리할 때 사용하기 때문이다. 일반적으로 사용하는 목적 외에도 응용하여 목차나 프로필 등에 사용해도 효과가 좋다.

▌특징

일반적으로 '개요(Overview)' 템플릿에서는 왼쪽에 관련 이미지를, 오른쪽에 텍스트를 넣는 레이아웃을 사용한다. 이때 텍스트는 가급적 한 문장으로만 넣어야 사람들이 쉽게 이해할 수 있다. 또 중요한 부분에 강조색을 넣으면 눈에 잘 띄어 내용이 더 잘 전달된다.

'개요(Overview)' 레이아웃을 이용해 만든 PPT

| '개요' 레이아웃 만들기

사케의 주 원료인 쌀에 대해 알아보자. 쌀은? 밀가루, 옥수수에 이은 세계 3대 곡물이다. 현재 일본에서는 약 300종류가 재배되고 있다. 벼는 아프리카벼와 아시아벼로 구분되는데, 사케는 이중 아시아벼의 쟈포니카종 수전에서 재배한 멥쌀로 제조한다.

배경 이미지 삽입하기

1. ❶ 슬라이드 화면을 마우스 오른쪽 버튼으로 클릭한다. ❷ 단축 메뉴에서 [배경 서식]을 클릭한다.

TIP

눈금선부터 켜자

문서에 이미지와 글자 등 여러 가지 요소들을 삽입한 후 보기 좋게 배치하려면 눈금선을 켜야 한다. 지금 화면에 눈금선이 없다면 [보기] 메뉴–[표시] 목록의 [눈금선]에 체크 표시부터 하자.

2. [배경 서식] 메뉴가 펼쳐지면 ❶ [채우기]-[그림 또는 질감 채우기]를 선택한다. ❷ [그림 원본]-[삽입]을 클릭하여 이미지 파일을 선택한다.

3. 배경 이미지가 삽입된다. ❸ [투명도]-[그림을 질감으로 바둑판식 배열]을 체크 표시한다.

PAGE 배경 이미지 삽입하기 59쪽

TIP

그림을 질감으로 바둑판식 배열

'그림을 질감으로 바둑판식 배열'에 체크 표시를 하면 현재 슬라이드에 삽입된 배경 이미지가 슬라이드 전체에 반복하여 나타난다.

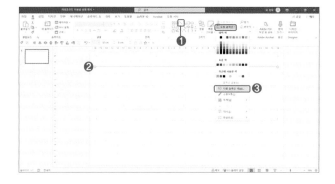

직선 삽입하고 색상 변경하기

1. [홈] 메뉴-[그리기] 목록에서 ❶ 선을 선택하고 ❷ 드래그하여 삽입한다.

2. ❸ [도형 윤곽선]-[다른 윤곽선 색]을 클릭한다.

단축키 》
[색] 대화상자 실행 : [도형 윤곽선] 클릭한 후 Ⓜ 누르기

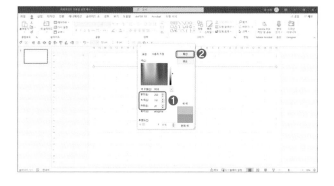

3. [색] 대화상자의 [사용자 지정] 화면에서 ❶ 색상 값으로 빨강(R) '250', 녹색(G) '191', 파랑(B) '20'을 입력한 후 ❷ [확인]을 클릭한다.

글자 입력하고 꾸미기

1. [홈] 메뉴-[그리기] 목록에서 ❶ 텍스트 상자를 선택하여 삽입한다.

2. ❷ 다음과 같이 글자를 입력하고 ❸ 글꼴을 설정한다.

이미지 삽입하기

1. [삽입] 메뉴-[이미지] 목록에서 ❶ [그림]-[이 디바이스]를 클릭하여 이미지 파일을 선택한다.

단축키 》 [그림 삽입] 실행 : 순서대로 Alt N P D 누르기

2. 이미지가 삽입되면 ❷ 선과 이미지를 선택한 후 ❸ 빠른 실행 도구모음에서 [개체 왼쪽 맞춤]을 클릭한다. 선과 이미지가 왼쪽을 기준으로 정렬된다.

단축키 》
개체 여러 개 선택하기 : Ctrl +각 개체 클릭

PAGE 빠른 실행 도구모음 설치하기 10쪽

기호 및 글자 입력하기

1. [홈] 메뉴-[그리기] 목록에서 ❶ 텍스트 상자를 선택하고 삽입한다. [삽입] 메뉴-[기호] 항목에서 ❷ [기호]를 클릭한다.

2. ❸ [기호] 대화상자의 [하위 집합]에서 라틴어-1 추가를 선택한 후 ❹· 기호를 클릭한다.

단축키 》 [기호] 대화상자 실행 : 글자를 입력할 수 있는 상태에서 순서대로 Alt N U 누르기

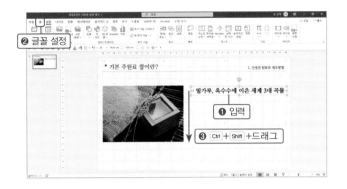

3. 기호가 입력되면 ❶ 글자를 입력하고 ❷ 글꼴 '나눔명조', 크기 '28', 굵게, 왼쪽 맞춤으로 설정한다.

4. ❸ Ctrl + Shift 를 누른 채 텍스트 상자를 아래쪽으로 드래그한다.

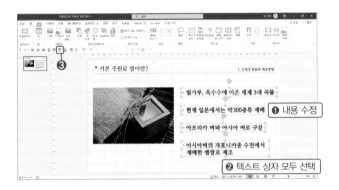

5. ❶ 복사한 내용을 수정한다.

6. ❷ Ctrl 을 누른 채 텍스트 상자를 모두 클릭하여 선택한 후 ❸ 빠른 실행 도구모음에서 [세로 간격을 동일하게]를 클릭한다. 텍스트 상자들의 세로 간격이 맞춰진다.

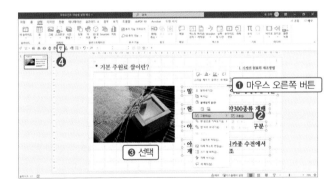

그룹 만들기

1. 텍스트 상자가 모두 선택된 상태에서 ❶ 마우스 오른쪽 버튼을 클릭한다. ❷ 단축 메뉴에서 [그룹화]–[그룹]을 클릭한다.

2. ❸ 그룹화한 것과 왼쪽 이미지를 선택한 후 ❹ 빠른 실행 도구모음에서 [개체 위쪽 맞춤]을 클릭한다. 글자들이 왼쪽 이미지의 위쪽을 기준으로 정렬된다.

단축키 ≫
그룹화 : 개체 모두 선택한 후 Ctrl + G 누르기

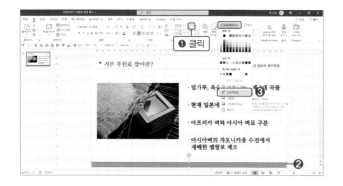

도형 삽입하고 꾸미기

1. [홈] 메뉴–[그리기] 목록에서 ❶ 직사각형을 선택하고 ❷ 삽입한다.

2. 직사각형이 선택된 상태에서 ❸ [도형 채우기]–[스포이트]를 클릭한다.

단축키 》
스포이트 기능 실행 : [도형 채우기] 클릭한 후 E 누르기

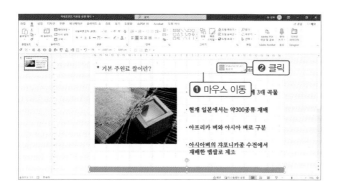

3. ❶ 마우스를 노란색 선으로 이동하여 ❷ 노란색이 나타나면 클릭한다. 직사각형 색이 노란색으로 바뀐다.

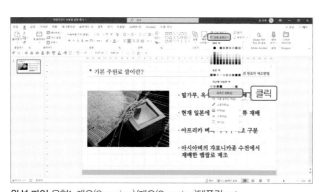

4. 직사각형이 선택된 상태에서 [도형 윤곽선]–[윤곽선 없음]을 클릭한다. 직사각형의 윤곽선이 사라진다.

완성 파일 유형1_개요(Overview)/개요(Overview)템플릿.ppt

템플릿 2
개요(Roadmap) [IIII]
나무가 아닌 숲

'개요(Roadmap)'는 전체 내용의 윤곽을 보여주는 것이다. '나무가 아닌 숲'을 보여주고 싶다면 '개요' 템플릿을 선택한다. '개요'는 선체적인 모습을 보여주어 지금 무엇을 하려는지 설명할 때 사용하면 효과가 좋다. 이렇게 전체적인 모습을 보여주고 나서 좀 더 구체적인 내용을 설명하는 것과 그렇지 않은 것은 받아들이는 입장에서 큰 차이를 느끼게 된다. 그래서 문서를 만들 때 한 번은 꼭 사용하는 활용도 높은 레이아웃이다. 이 레이아웃은 경영학에서 분석기법으로 자주 쓰이는 SWOT(강점, 약점, 기회, 위협) 내용을 담을 때도 자주 사용된다.

'개요(Roadmap)' 레이아웃을 이용해 만든 PPT

특징

'개요' 레이아웃에서는 내용과 관련이 있는 4가지 세부 내용을 각 도형 안에 넣고 상하좌우에 배치한다. 도형은 같은 색상으로 해도 되지만 각 내용의 차별성을 부각하고 싶다면 다르게 하는 것이 좋다. 글로만 표현하는 것보다 내용과 관련된 픽토그램을 사용하면 보는 사람이 더 쉽게 이해할 수 있다.

'개요' 레이아웃 만들기

Knock one은 교육, 컨설팅 및 코칭, 인큐베이팅, 상담, 사업자 지원공간 운영을 통해 성공적인 사업이 될 수 있게 돕는다. 구체적으로 직장인을 위한 커리어 코칭, 창업을 위한 컨설팅 및 코칭, 기업 경영을 위한 컨설팅 및 코칭, 내면적 치유를 위한 상담과 코칭을 운영한다.

도형 삽입하고 정렬하기

1. [홈] 메뉴–[그리기] 목록에서 ❶ 직사각형을 선택하여 ❷ 삽입한다.
- 도형 크기 6.77×1.5cm

2. ❸ [도형 채우기]의 '테마 색'에서 검정, 텍스트1, 35% 더 밝게를 선택한다. ❹ [도형 윤곽선]–[윤곽선 없음]을 클릭한다.

3. ❶ Ctrl + Shift 를 누른 채 도형을
오른쪽으로 드래그하여 ❷ 도형 4개
를 복사한다.

단축키 》
도형 복사하기 : Ctrl + Shift +드래그

4. ❶ 도형들을 모두 선택한 후 ❷ 빠
른 실행 도구모음에서 [가로 간격을
동일하게]를 클릭한다. 도형들의 가로
간격이 일정해진다.

5. ❶ 첫 번째 도형을 클릭한 후 ❷
[도형 채우기]–[다른 채우기 색]을 클
릭한다.

단축키 》
[색] 대화상자 실행 : [도형 채우기] 클릭한
후 M 누르기

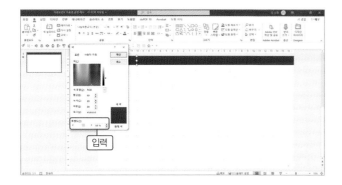

6. [색] 대화상자의 [사용자 지정] 화면에서 [투명도]에 60을 입력한다. 선택한 도형의 색상이 연해진다.

글자 입력하고 서식 복사하기

1. 각 도형 안에 ❶ 글자를 입력하고 ❷ 글꼴 '나눔바른고딕', 크기 '22', 가운데 맞춤으로 설정한다.

2. ❸ 첫 번째 도형을 클릭한 후 ❹ 빠른 실행 도구모음에서 [서식 복사]를 더블클릭한다.

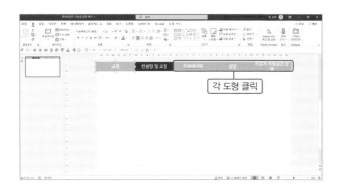

3. 마우스 포인터가 붓 모양으로 바뀐 상태에서 세 번째, 네 번째, 다섯 번째 도형을 클릭한다. 첫 번째 도형의 서식이 적용된다.

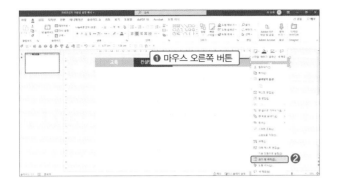

4. ❶ 맨 오른쪽 도형을 마우스 오른쪽 버튼으로 클릭한 후 ❷ 단축 메뉴에서 [크기 및 위치]를 클릭한다.

5. [도형 서식] 메뉴–[텍스트 옵션]의 [텍스트 상자]에서 [도형의 텍스트 배치]의 체크 표시를 없앤다.

TIP

도형의 텍스트 배치

'도형의 텍스트 배치'는 도형 안에서 글자를 입력할 때 글자가 도형 밖으로 벗어나지 않는 기능이다. 도형 안에서 한 줄로 입력할 수 있는 글자 수가 넘어가면 자동으로 줄바꿈이 되는데, '도형의 텍스트 배치'의 체크 표시를 없애면 아무리 많은 내용을 입력해도 줄바꿈이 되지 않는다. 자동으로 줄바꿈이 되는 것을 원하지 않는다면 '도형의 텍스트 배치'의 체크 표시를 없앤다.

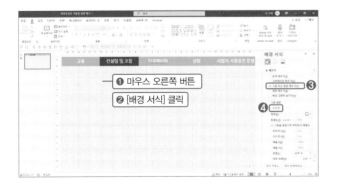

배경 이미지 삽입하기

1. ❶ 화면을 마우스 오른쪽 버튼으로 클릭한 후 ❷ 단축 메뉴에서 [배경 서식]을 클릭한다.

2. ❸ [배경 서식] 메뉴에서 [채우기]– [그림 또는 질감 채우기]를 선택한 후 ❹ [그림 원본]에서 [삽입]을 클릭하고 ❺ 이미지 파일을 선택한다.

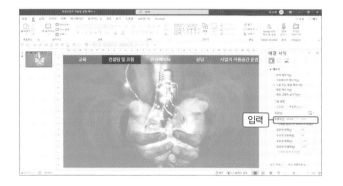

3. 이미지가 삽입되면 [배경 서식] 메뉴 화면에서 [채우기]–[투명도]에 50을 입력한다. 이미지가 연해진다.

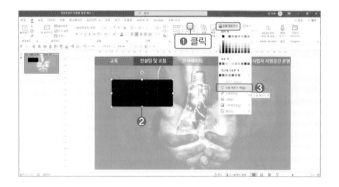

4개의 세부 내용을 입력하는 도형 삽입하기

1. [홈] 메뉴–[그리기] 목록에서 ❶ 직사각형을 클릭하여 ❷ 삽입한다.

- 도형 크기 10.6×4.6cm

2. 직사각형이 선택된 상태에서 ❸ [도형 채우기]–[다른 채우기 색]을 클릭한다.

단축키 》
[색] 대화상자 실행 :
[도형 채우기] 클릭 후 ⓜ

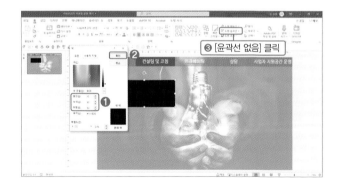

3. [색] 대화상자의 [사용자 지정] 화면에서 ❶ 색상 값으로 빨강(R) '17', 녹색(G) '30', 파랑(B) '53'을 입력한다. ❷ [확인]을 클릭한다.

4. ❸ [도형 윤곽선]–[윤곽선 없음]을 클릭한다.

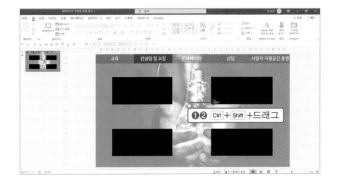

5. 직사각형이 선택된 상태에서 ❶ Ctrl + Shift 를 누른 채 드래그하여 ❷ 도형을 3개 복사하고 배치한다.

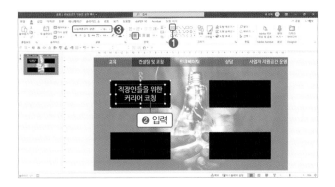

6. ❶ 첫 번째 도형에 **텍스트 상자**를 삽입한다.

7. ❷ 도형 안에 글자를 입력하고 ❸ 글꼴 '나눔바른고딕', 크기 '34', 가운데 맞춤으로 설정한다.

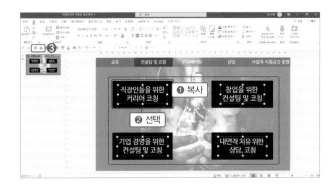

8. ❶ 첫 번째 도형의 텍스트를 복사하여 나머지 도형 안에 배치한다.

9. ❷ 도형과 글자를 선택한 후 ❸ 빠른 실행 도구모음에서 [개체 가운데 맞춤], [개체 가운데 정렬]을 클릭한다.

단축키 》
텍스트 상자 복사 : Ctrl + Shift +드래그

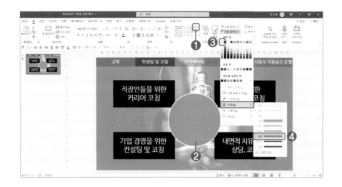

타원 삽입하고 꾸미기

1. [홈] 메뉴–[그리기] 목록에서 ❶ 타원을 선택하고 ❷ 삽입한다.

2. ❸ [도형 윤곽선]의 '테마 색'에서 흰색, 배경1을 선택하고, ❹ [두께]–[3pt]를 선택한다.

TIP

타원을 선택한 후 Shift 를 누른 채 드래그하면 원 모양으로 삽입된다.

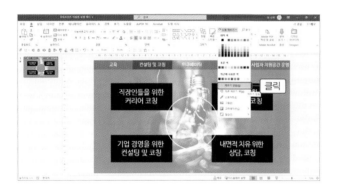

3. [도형 채우기]–[채우기 없음]을 클릭한다.

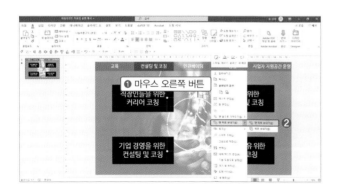

4. ❶ 타원을 마우스 오른쪽 버튼으로 클릭한 후 ❷ 단축 메뉴에서 [맨 뒤로 보내기]–[맨 뒤로 보내기]를 클릭한다. 타원이 맨 뒤에 배치된다.

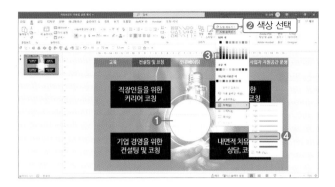

5. ❶ 두 번째 타원을 삽입한다.

6. ❷ [도형 채우기]의 '테마 색'에서 흰색, 배경1, 5% 더 어둡게를 선택한다. ❸ [도형 윤곽선]의 '테마 색'에서 흰색, 배경1, 35% 더 어둡게를, ❹ [두께]-[3pt]를 선택한다.

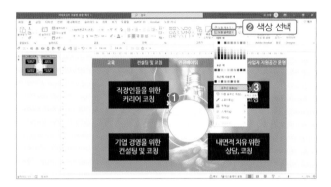

7. ❶ 세 번째 타원을 삽입한다.

8. ❷ [도형 채우기]의 '테마 색'에서 흰색, 배경1을 선택한 후 ❸ [도형 윤곽선]-[윤곽선 없음]을 클릭한다.

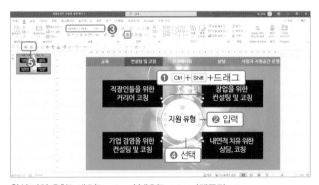

완성 파일 유형2_개요(Roadmap)/개요(Roadmap)템플릿.ppt

9. 세 번째 타원이 선택된 상태에서 ❶ Ctrl + Shift 를 누른 채 드래그하여 3개의 타원을 만들고 배치한다.

10. ❷ 가운데 타원 안에 글자를 입력하고 ❸ 글꼴 '나눔바른고딕', 크기 '36', 가운데 맞춤으로 설정한다. ❹ 가운데에 삽입한 타원과 글자를 선택한 후 ❺ [개체 가운데 맞춤], [개체 가운데 정렬]을 클릭한다.

템플릿 3
특징 ▦
정보나 장점

'특징'은 어떤 대상에 대한 정보나 장점을 강조해서 설명하는 것을 말한다. 자신이 정한 기준에 따라 어떤 대상의 특별한 점이나 좋은 점을 소개하고 싶다면 12가지 템플릿 중 '특징'을 선택한다. '특징' 레이아웃에는 특별히 중요한 내용이 들어가므로 다른 어떤 슬라이드보다 보는 사람이 쉽게 이해해야 한다. 그래서 필자는 '특징' 레이아웃에 내용을 담을 때 가급적 픽토그램과 글자를 함께 넣는다. 픽토그램은 글자와 함께 사용해도 어울리고, 문서를 쉽게 이해하게 만들어준다.

'특징' 레이아웃을 이용해 만든 PPT

▌특징

'특징' 레이아웃을 사용할 때는 사람들에게 자세히 소개하고 싶은 정보나 장점이 있어야 한다. 또 문서에서 무엇에 중점을 두었는지 알려줘야 한다. '특징'을 글로만 표현하는 것보다 상황에 따라 픽토그램을 함께 사용하면 보는 사람이 더 쉽게 내용을 이해할 수 있다. 그래서 '특징' 레이아웃은 12가지 템플릿 중 픽토그램의 사용 빈도가 가장 높다.

▌'특징' 레이아웃 만들기

가장 나은 자산관리를 위해 지켜야 할 4가지 원칙이 있다. 첫 번째는 지출을 통제하고 저축액을 증가시키는 것이다. 두 번째는 손실 없이 수익률을 개선시키는 것이다. 세 번째는 재무목표에 맞는 상품 포트폴리오를 구성하는 것이다. 마지막 네 번째는 재무설계 유지를 위한 위험관리를 하는 것이다.

메뉴 만들기 1 – 도형 삽입하고 복사하기

1. ❶ 직사각형을 삽입한 후 ❷ [도형 채우기]–[채우기 없음]을 클릭한다.

- 도형 크기 4.83×1.1cm

2. ❸ [도형 윤곽선]의 '테마 색'에서 흰색, 배경1, 15% 더 어둡게를, ❹ [두께]–[¼pt]를 선택한다.

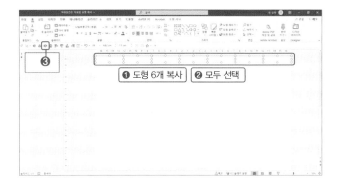

3. ❶ 도형을 6개 복사한 후 ❷ 모든 도형을 선택한다. ❸ 빠른 실행 도구 모음에서 [가로 간격을 동일하게]를 클릭한다.

단축키 »
도형 복사하기 : Ctrl + Shift 누른 채 드래그

4. ❶ 선을 삽입한다. ❷ [도형 윤곽선]–[다른 윤곽선 색]을 클릭한 후 [색] 대화상자에서 색상 값으로 빨강(R) 87, 녹색(G) 156, 파랑(B) 231을 입력한다.

5. [도형 윤곽선]에서 ❸ [두께]–[3pt]를 클릭한다.

단축키 »
[색] 대화상자 실행 : [도형 윤곽선] 클릭 후 M

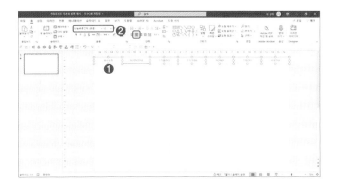

메뉴 만들기 2 – 도형 안에 글자 입력하기

1. ❶ 첫 번째 도형에 글자를 입력하고 ❷ 글꼴 '나눔바른고딕', 크기 '12', 가운데 맞춤으로 설정한다. ❸ 나머지 도형에도 글자를 입력한다.

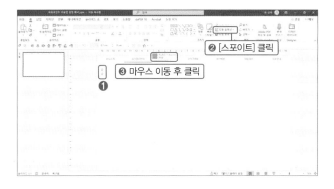

2. ❶ 선을 삽입한다. ❷ [도형 윤곽선]-[스포이트]를 클릭한다.

3. ❸ 마우스를 파란색 선으로 이동한다. 파란색이 나타나면 클릭한다.

단축키 》
스포이트 기능 실행 : [도형 윤곽선] 클릭 후 E

4. 선이 선택된 상태에서 [도형 윤곽선]의 [두께]-[3pt]를 클릭한다.

제목 입력하고 꾸미기

1. ❶ 텍스트 상자를 삽입하고 글자를 입력한다. ❷ 글꼴 '나눔바른고딕', 크기 '20', 가운데 맞춤으로 설정한다.

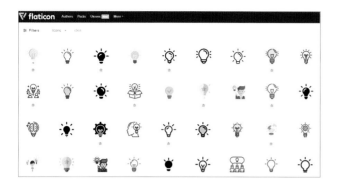

픽토그램 삽입하고 꾸미기

1. 플랫아이콘 사이트(flaticon.com)에서 'idea'를 검색한 후 마음에 드는 픽토그램을 다운로드한다.

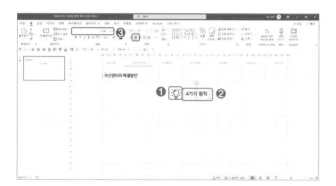

2. 파워포인트 화면에 ❶ 픽토그램을 삽입하고 크기를 조절한다.

3. ❷ 텍스트 상자를 삽입하고 글자를 입력한다. ❸ 글꼴 '나눔바른고딕', 크기 '24', 가운데 맞춤으로 설정한다.

단축키 》
[그림 삽입] 실행 : 순서대로 Alt , N , P , D 누르기

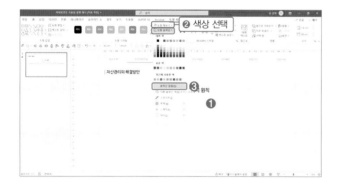

4. ❶ 이등변 삼각형을 삽입한다.

5. ❷ [도형 채우기]의 '테마 색'에서 흰색, 배경1, 5% 더 어둡게를 선택하고 ❸ [도형 윤곽선]–[윤곽선 없음]을 클릭한다.

6. ❶ **직사각형을 삽입한다.**
- 도형 크기 5.7×5cm

7. ❷ **[도형 채우기]–[채우기 없음]을 클릭하고** ❸ **[도형 윤곽선]–[스포이트]를 클릭한다.**

단축키 》
스포이트 기능 실행 : [도형 윤곽선] 클릭 후 E 누르기

8. ❶ **직사각형 테두리의 색을 파란색 선과 똑같이 만든다.** ❷ **[도형 윤곽선]에서 [두께]–[½pt]를 클릭한다.**

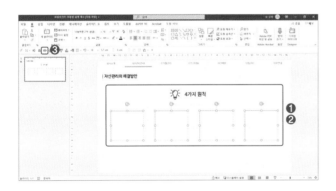

9. ❶ **직사각형을 3개 복사한 후** ❷ **모든 직사각형을 선택한다.** ❸ **빠른 실행 도구모음에서 [가로 간격을 동일하게]를 클릭한다.**

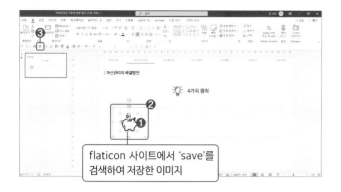

flaticon 사이트에서 'save'를
검색하여 저장한 이미지

10. ❶ 이미지를 삽입하고 크기를 조
절한다.

11. ❷ 직사각형과 픽토그램을 선택
한 후 ❸ 빠른 실행 도구모음에서 [개
체 가운데 맞춤]을 클릭한다.

단축키 》
[그림 삽입] 실행 : 순서대로 Alt, N, P, D
누르기

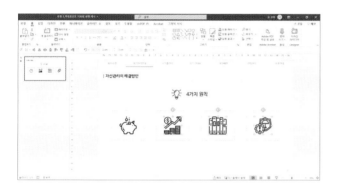

12. 나머지 직사각형 안에도 픽토그
램을 삽입하고 크기와 위치를 조절한
다.

도형 아래에 내용 삽입하기

1. ❶ 직사각형을 삽입한다.
- 도형 크기 5.7×3.2cm

2. ❷ [도형 채우기]-[스포이트]를 클
릭하여 ❸ 파란색 선 색상으로 변경
하고, ❹ [도형 채우기]-[다른 채우기
색]을 클릭한다.

단축키 》
스포이트 기능 실행 :
[도형 채우기] 클릭 후 E 누르기

단축키 》
[색] 대화상자 실행 :
[도형 채우기] 클릭 후 M 누르기

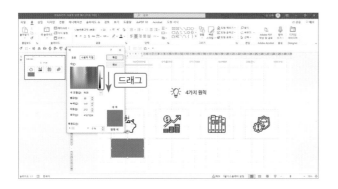

3. [색] 대화상자의 [사용자 지정] 화면에서 색의 **명도**를 조절하는 화살표를 아래쪽으로 드래그하여 진한 색으로 바꾼다.

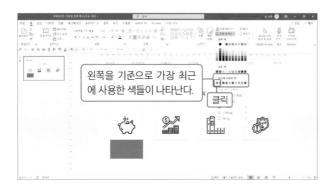

4. [도형 윤곽선]에서 최근에 사용한 색 중 가장 왼쪽에 있는 색을 선택한다.

5. ❶ 도형을 3개 복사한 후 ❷ 파란색 도형을 모두 선택한다. ❸ 빠른 실행 도구모음에서 [가로 간격을 동일하게]를 클릭한다.

6. ❹ 도형 안에 글자를 입력하고 ❺ 글꼴 '나눔바른고딕', 크기 '22', 가운데 맞춤으로 설정한다.

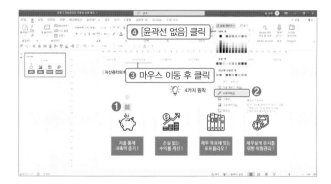

7. ❶ 타원을 삽입한다.

8. ❷ [도형 채우기]–[스포이트]를 클릭하여 ❸ 타원을 파란색 선 색상으로 변경하고 ❹ [도형 윤곽선]–[윤곽선 없음]을 클릭한다.

단축키 》
스포이트 기능 실행 :
[도형 채우기] 클릭 후 [E]

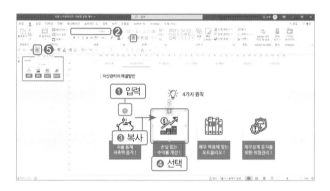

9. ❶ 타원 안에 숫자를 입력하고 ❷ 글꼴 '나눔바른고딕', 크기 '16', 가운데 맞춤으로 설정한다.

10. ❸ 타원을 복사하고 ❹ 두 번째 직사각형과 타원을 선택한 후 ❺ 빠른 실행 도구모음에서 [개체 가운데 맞춤]을 클릭한다.

완성 파일 유형3_특징/특징템플릿.ppt

11. 타원을 복사하여 나머지를 완성한다.

템플릿 4
비교·대조 ▨
공통점 또는 차이점

'비교·대조'는 2개 이상 대상의 공통점 또는 차이점을 말한다. 대상의 같은 점 또는 다른 점을 설명하고 싶다면 '비교·대조' 레이아웃을 선택한다. 사람들을 설득하거나 설명할 때는 비교 또는 대조 방식을 사용하면 효과가 좋기 때문에 필자는 '비교·대조' 레이아웃을 자주 사용하는 편이다. 이 책에서 소개하는 12가지 템플릿은 문서의 주제 및 표현 방식에 따라 구분한 것이지만 모든 레이아웃의 사용 빈도가 같진 않다. 어떤 레이아웃은 문서를 만들 때 거의 사용되지 않기도 한다. 사용 빈도가 높은 레이아웃을 활용할수록 원하는 효과를 얻을 확률이 높아진다.

'비교·대조' 템플릿을 이용해 만든 PPT

특징

'비교·대조' 레이아웃을 사용할 때는 비교하는 대상이 있다. 왼쪽과 오른쪽에 비교 대상을 놓고 구분 짓는 선이나 VS 문구를 넣어 대상을 비교하여 설명한다는 것을 문서를 보는 사람이 알게 한다. 왼쪽과 오른쪽에는 가급적 다른 색을 사용한다. 서로 다른 색을 사용해야 비교하는 대상의 차이가 더 두드러지게 보인다.

'비교·대조' 레이아웃 만들기

Wine과 Sake를 비교해 제조과정에서 맛에 차이를 주는 요소에 대해 더 알아보자. Wine은 빈티지(연도), 포도품종, 지역(환경)이 맛에 영향을 준다. 이와 비교해 Sake는 쌀, 물, 정미보합, 여과(유무), 와리미즈(유무), 열처리(유무), 짜내기(죠소우), 알코올 첨가(유무), 효모 종류, 토지 재량, 누룩 종류가 맛에 영향을 준다.

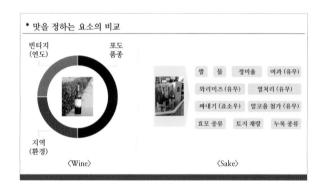

제목 입력하기

1. 선을 삽입한다.

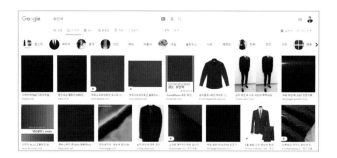

2. 구글 사이트에서 ❶ '와인색'을 검색하고 ❷ 캡처 프로그램을 이용하여 원하는 부분을 캡처한다. ❸ Ctrl + C 를 눌러 복사한다.

TIP

[캡처 도구] 프로그램으로 캡처하기

1. 윈도우 검색 창에서 '캡처 도구'를 검색한다.

3. 화면이 흐려지면 캡처할 부분을 선택한다. 캡처된 화면이 나타나면 저장하거나 Ctrl + C 를 눌러 화면 이미지를 복사한다.

2. '캡처 도구' 프로그램이 실행되면 캡처할 화면에서 [새로 만들기]를 클릭한다.

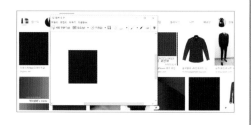

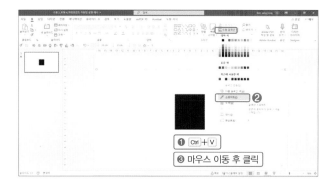

❶ Ctrl + V

❸ 마우스 이동 후 클릭

3. 파워포인트 화면에서 ❶ Ctrl + V 를 누르면 캡처 이미지가 삽입된다.

4. 선이 선택된 상태에서 ❷ [도형 윤곽선]-[스포이트]를 클릭하여 ❸ 선의 색상을 와인색으로 바꾼다.

단축키 》
스포이트 기능 실행 : [도형 윤곽선] 클릭한 후 E 누르기

5. [도형 윤곽선]에서 [두께]-[1½pt]를 클릭한다.

6. ① 텍스트 상자를 삽입하고 글자를 입력한다. ② 글꼴 '나눔명조', 크기 '28', 굵게, 왼쪽 맞춤으로 설정한다.

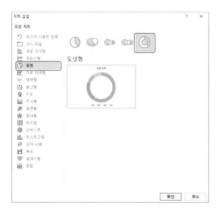

차트 삽입하고 모양 바꾸기

1. [삽입] 메뉴-[일러스트레이션] 목록에서 차트를 클릭한다.

2. [차트 삽입] 대화상자가 나타나면 [원형]-[도넛형]을 선택한다.

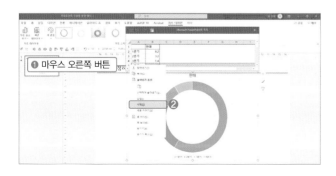

3. 도넛형 그래프가 삽입된다. ① 엑셀 형식의 창에서 5행을 마우스 오른쪽 버튼으로 클릭한다. ② 단축 메뉴에서 [삭제]를 클릭한다.

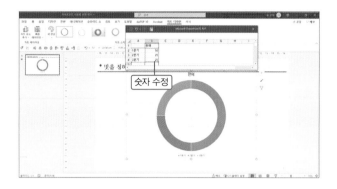

4. 입력된 숫자를 수정하여 원하는 모양을 만든다.

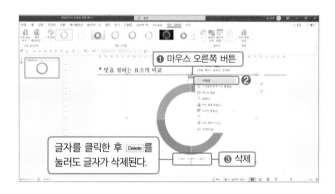

5. ❶ 그래프의 맨 위에 있는 글자를 마우스 오른쪽 버튼으로 클릭한다. ❷ 단축 메뉴에서 [삭제]를 클릭한다. 같은 방법으로 ❸ 아래쪽 글자도 삭제한다.

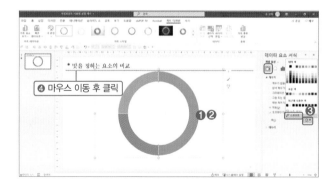

차트 색상 바꾸기

1. ❶ 그래프의 오른쪽 조각을 클릭하면 전체가 선택된다. ❷ 한 번 더 클릭하면 오른쪽 조각이 선택되고 [데이터 요소 서식] 메뉴가 나타난다.

2. ❸ [채우기]의 [색] 버튼−[스포이트]를 클릭하여 ❹ 선택한 조각을 와인색 선의 색상으로 바꾼다.

3. ❶ 두 번째 조각도 와인색으로 바꾼다. [데이터 요소 서식] 메뉴에서 **❷** [채우기]-[투명도]에 20을 입력한다. 선택한 영역의 색상이 연해진다.

❶ 와인색으로 변경

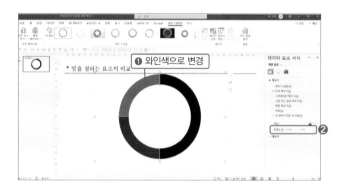

4. ❶ 세 번째 조각도 와인색으로 바꾼다. [데이터 요소 서식] 메뉴에서 **❷** [채우기]-[투명도]에 40을 입력한다.

❶ 와인색으로 변경

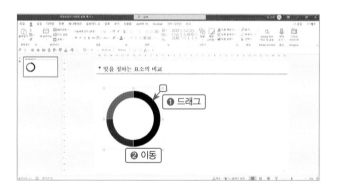

차트에 이미지와 연결선 삽입하기

1. ❶ 그래프를 선택한 후 오른쪽 위쪽의 크기조절점을 드래그하여 크기를 줄인다. **❷** 그래프를 왼쪽으로 이동시킨다.

❶ 드래그

❷ 이동

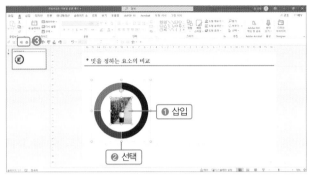

이미지 파일 유형4_비교대조/이미지1.jpg

2. ❶ 그래프 안에 이미지를 삽입하고 크기와 위치를 조절한다.

3. ❷ 이미지와 그래프를 모두 선택한 후 ❸ 빠른 실행 도구모음에서 [개체 가운데 맞춤], [개체 가운데 정렬]을 클릭한다.

단축키 ≫
[그림 삽입] 실행 : 순서대로 `Alt`, `N`, `P`, `D` 누르기

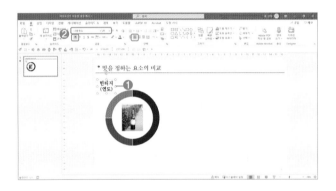

4. ❶ 텍스트 상자를 삽입하고 글자를 입력한다.

5. ❷ 글꼴 '나눔명조', 크기 '24', 굵게, 가운데 맞춤으로 설정한다.

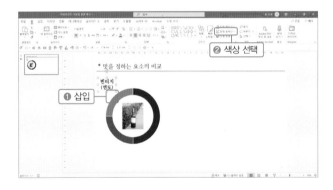

6. ❶ 연결선:꺾임을 삽입한다.

7. ❷ [도형 윤곽선]의 '테마 색'에서 흰색, 배경 1, 50% 더 어둡게를 선택한다.

TIP

연결선:꺾임을 클릭한 후 드래그하는 방향에 따라 연결 방향이 달라진다.

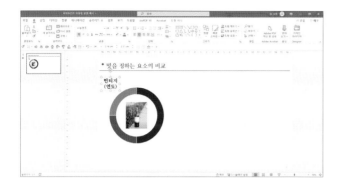

8. 지금까지의 방법을 사용하여 다음과 같이 내용을 완성한다.

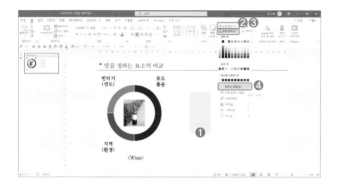

오른쪽 내용 입력하기

1. ❶ 직사각형을 삽입한다.

- 도형 크기 3.7×7cm

2. ❷ [도형 채우기]–[다른 채우기 색]을 클릭하여 ❸ [색] 대화상자에서 색상 값으로 빨강(R) '252', 녹색(G) '218', 파랑(B) '124'를, [투명도]에 20을 입력한다. ❹ [도형 윤곽선]–[윤곽선 없음]을 클릭한다.

단축키 》
[색] 대화상자 실행 : [도형 채우기] 클릭 후 Ⓜ 누르기

3. ❶ 이등변 삼각형을 삽입한다.

4. ❷ [도형 채우기]의 '테마 색'에서 흰색, 배경 1, 15% 더 어둡게를 클릭하고 ❸ [도형 윤곽선]–[윤곽선 없음]을 클릭한다.

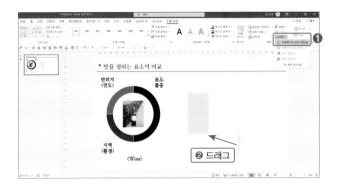

5. 이등변 삼각형이 선택된 상태에서 ❶ [서식] 메뉴–[정렬] 목록에서 [회전]–[오른쪽으로 90도 회전]을 클릭한다. ❷ 이등변 삼각형을 직사각형 옆으로 이동시킨다.

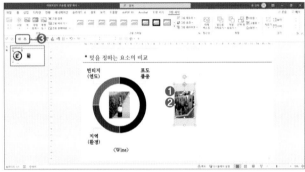
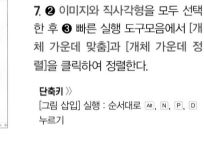

이미지 파일 유형4_비교대조/이미지2.jpg

6. ❶ 직사각형 안에 이미지를 삽입하고 크기와 위치를 조절한다.

7. ❷ 이미지와 직사각형을 모두 선택한 후 ❸ 빠른 실행 도구모음에서 [개체 가운데 맞춤]과 [개체 가운데 정렬]을 클릭하여 정렬한다.

단축키 》
[그림 삽입] 실행 : 순서대로 Alt, N, P, D 누르기

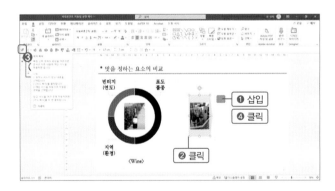

요소 입력하고 그룹화하기

1. ❶ 사각형: 둥근 모서리를 삽입한다.

2. ❷ 직사각형을 클릭한 후 ❸ 빠른 실행 도구모음의 [서식 복사]를 클릭한다. ❹ 둥근 모서리 사각형을 클릭하면 직사각형의 서식이 적용된다.

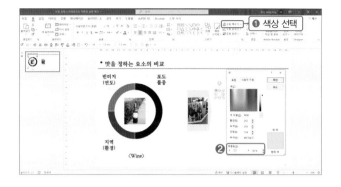

3. 둥근 모서리 사각형이 선택된 상태에서 ❶ [도형 채우기]−[다른 채우기 색]을 클릭한다.

4. [색] 대화상자의 [사용자 지정] 화면에서 ❷ [투명도]에 0을 입력한다. 도형의 색이 진해진다.

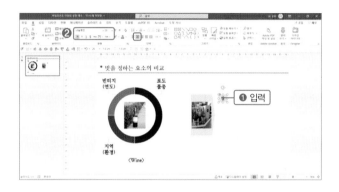

5. ❶ 둥근 모서리 사각형에 글자를 입력하고 ❷ 글꼴 '나눔바른고딕', 크기 '20', 굵게, 가운데 맞춤으로 설정한다.

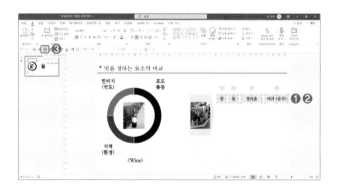

6. ❶ 둥근 모서리 사각형을 복사한 후 크기를 조절하고 내용을 수정한다.

7. ❷ 둥근 모서리 사각형을 모두 선택한 후 ❸ 빠른 실행 도구모음에서 [가로 간격을 동일하게]를 클릭한다.

8. 지금까지의 방법을 활용하여 다음과 같이 도형을 삽입하고 글자를 입력한다.

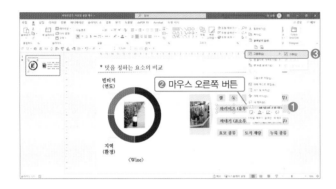

9. ❶ 동일선상에 있는 둥근 모서리 사각형을 모두 선택한 후 **❷** 마우스 오른쪽 버튼을 클릭한다. **❸** 단축 메뉴에서 [그룹화]–[그룹]을 클릭한다.

단축키 》
그룹 만들기 : 개체 선택한 후 Ctrl + G 누르기

10. ❶ 그룹들을 모두 선택한 후 **❷** 빠른 실행 도구모음에서 [세로 간격을 동일하게]를 클릭한다.

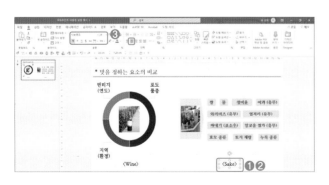

11. ❶ 텍스트 상자를 삽입하고 **❷** 글자를 입력한다. **❸** 글꼴 '나눔명조', 크기 '24', 굵게, 가운데 맞춤으로 설정한다.

12. ❶ 선을 삽입한다. **❷** [도형 윤곽선]의 '테마 색'에서 흰색, 배경 1, 25% 더 어둡게를 클릭한다.

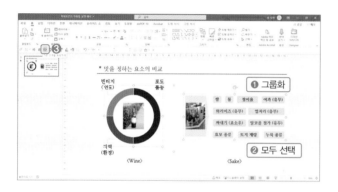

13. ❶ 왼쪽에 삽입된 내용들을 그룹화하고 오른쪽에 삽입된 내용들을 그룹화한다.

14. ❷ 그룹들과 선을 모두 선택한 후 **❸** 빠른 실행 도구모음에서 [가로 간격을 동일하게]를 클릭한다.

15. ❶ 직사각형을 삽입한다.

16. ❷ 스포이트 기능을 이용하여 **❸** 직사각형 색상을 와인색으로 바꾼다. **❹** [도형 윤곽선]-[윤곽선 없음]을 클릭한다.

단축키 》
스포이트 기능 실행 : [도형 채우기] 클릭 후 E 누르기

완성 파일 유형4_비교대조/비교대조템플릿.ppt

템플릿 5
절차 〔IIIII〕
일을 진행하는 순서

'절차'는 일을 진행하는 순서를 말한다. 어떤 순서에 대한 내용을 말하고 싶다면 '절차' 템플릿을 선택한다. '절차' 레이아웃으로 만든 문서를 보면 내용을 읽기도 전에 '절차에 대해 말하려는구나' 하고 짐작할 수 있다. '절차' 레이아웃은 문서를 시각화하여 활용하는 장점을 가장 명확하게 보여준다. '절차' 레이아웃은 일의 순서를 말할 때 주로 사용하지만 어떤 변화의 과정을 나타낼 때도 사용한다.

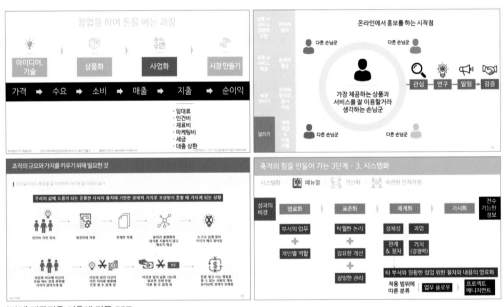

'절차' 템플릿을 이용해 만든 PPT

┃ 특징

절차는 일이 어떤 순서로 진행되는지를 보여주는 것이기 때문에 기본적으로 ▶▶▶ 도형으로 표현해야 사람들이 직관적으로 내용을 이해할 수 있다. 각 순서와 관련된 내용을 말하려고 할 때 하나의 슬라이드에 모든 내용을 담지 못한다면 어떻게 할까? 지금 말하는 순서가 두 번째인 경우 ▶▶▶와 같이 지금 말하고 있는 순서에 더 집중되게 표현해야 문서를 보는 사람이 더 쉽고 정확하게 내용을 이해할 수 있다.

┃ '절차' 레이아웃 만들기

교육 일을 오래하고 싶다면 오래할 수 있는 기반을 만들어 나가야 한다. 기반을 만드는 과정에 대해 좀 더 알아보면 맨 처음에는 교육 서비스를 만든다. 그 뒤 만든 교육 서비스를 사람들이 알 수 있도록 알린다. 사람들에게 알린 뒤에는 배우는 분들이 만족하는 교육을 하기 위해 힘쓴다. 마지막으로 교육을 한 뒤에는 부족하다고 느낀 점에 대해 보완한다.

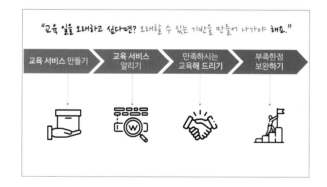

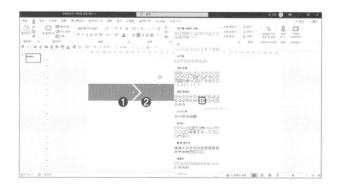

진행을 나타내는 도형 삽입하기

1. ❶ 화살표:오각형과 ❷ 화살표:갈매기형 수장을 삽입한다.

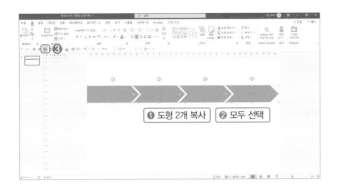

❶ 도형 2개 복사 **❷ 모두 선택**

2. ❶ 화살표:갈매기형 수장 도형을 2개 복사한다.

3. ❷ 모든 도형을 선택한 후 **❸** 빠른 실행 도구모음에서 [가로 간격을 동일하게]를 클릭한다.

단축키 》
도형 복사하기 : Ctrl + Shift 누른 채 도형 드래그

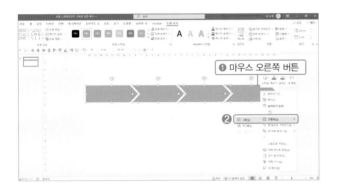

❶ 마우스 오른쪽 버튼

4. 모든 도형이 선택된 상태에서 **❶** 마우스 오른쪽 버튼을 클릭한다. **❷** 단축 메뉴에서 [그룹화]–[그룹]을 클릭한다.

단축키 》
그룹화 : 개체 선택한 후 Ctrl + G 누르기

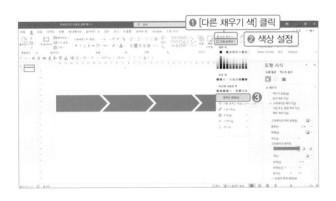

❶ [다른 채우기 색] 클릭

❷ 색상 설정

5. 도형이 선택된 상태에서 **❶** [도형 채우기]–[다른 채우기 색]을 클릭하여 **❷** 색상 값을 빨강(R) '64', 녹색(G) '123', 파랑(B) '230'으로 설정한다.

6. ❸ [도형 윤곽선]–[윤곽선 없음]을 클릭한다.

단축키 》
[색] 대화상자 실행 : [도형 채우기] 클릭한 후 M 누르기

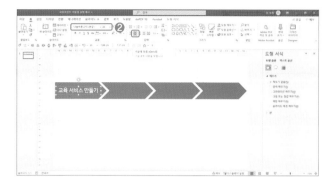

화살표 도형 안에 내용 입력하기

1. ❶ 텍스트 상자를 삽입하고 글자를 입력한다. ❷ 글꼴 '나눔바른고딕', 크기 '26', 가운데 맞춤으로 설정한다.

TIP

도형에 텍스트 상자를 넣지 않고 도형 안에서 바로 글자를 입력하면 도형이나 글자를 보기 좋게 배치하는 데 제약이 생긴다. 도형과 글자를 따로 삽입해야 좀 더 자유롭게 활용할 수 있으므로 가급적 도형 안에 글자를 입력할 때는 텍스트 상자를 삽입하는 것이 좋다.

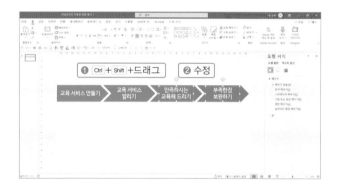

2. ❶ 글자를 복사하고 ❷ 내용을 수정한다.

단축키 》
글자 복사하기 : Ctrl + Shift 누른 채 텍스트 상자 드래그

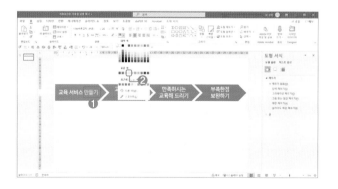

3. ❶ 강조할 글자를 선택한다. ❷ [글꼴 색]의 '표준 색'에서 노랑을 클릭한다.

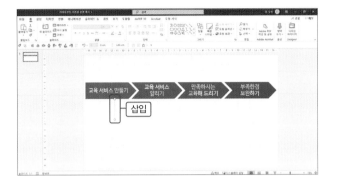

화살표 아래 내용 완성하기

1. 선을 삽입한다.

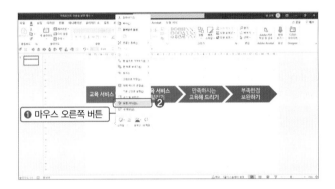

2. ❶ 선을 마우스 오른쪽 버튼으로 클릭한다. **❷** 단축 메뉴에서 [도형 서식]을 클릭한다.

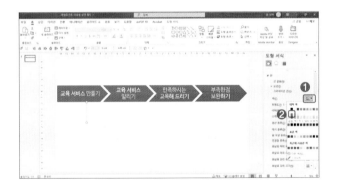

3. [도형 서식] 메뉴가 펼쳐지면 **❶** [선]에서 [색] 버튼을 클릭한 후 **❷** '테마 색'에서 검정, 텍스트 1, 50% 더 밝게를 선택한다.

4. [화살표 꼬리 유형]에서 **타원 화살표**를 클릭한다.

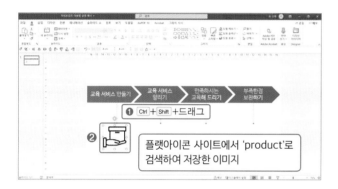

5. ❶ 선을 3개 복사한다.

6. ❷ **이미지를 삽입**한 후 크기를 줄이고 선 아래로 이동시킨다.

플랫아이콘 사이트에서 'product'로 검색하여 저장한 이미지

단축키 》
[그림 삽입] 실행 : 순서대로 Alt, N, P, D 누르기

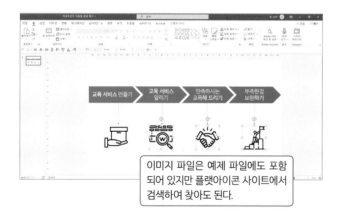

7. 앞에서 설명한 방법을 활용하여 다음과 같이 완성한다.

이미지 파일은 예제 파일에도 포함되어 있지만 플랫아이콘 사이트에서 검색하여 찾아도 된다.

제목이 들어간 도형 만들기

1. 직사각형을 삽입한다.

2. ❶ [도형 채우기]를 클릭하여 '테마 색'에서 흰색, 배경 1, 5% 더 어둡게를 선택한다. ❷ [도형 윤곽선]-[윤곽선 없음]을 클릭한다.

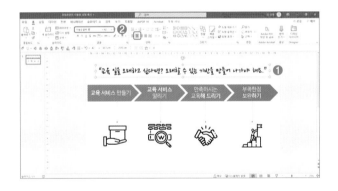

3. ❶ 텍스트 상자를 삽입하고 글자를 입력한다.

4. ❷ 글꼴 '나눔손글씨 펜', 크기 '42', 가운데 맞춤으로 설정한다.

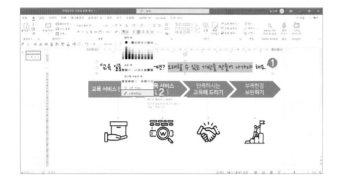

5. ❶ 강조할 글자를 선택한 후 ❷ [글꼴 색]–[스포이트]를 클릭한다.

단축키 》
스포이트 기능 실행 : [글꼴 색] 클릭한 후
[E] 누르기

6. 선택한 글자를 파란색 도형의 색상으로 바꾼다.

완성 파일 유형5_절차/절차템플릿.ppt

템플릿 6
구성요소 ▥
주제와 관련된 내용

'구성요소'는 어떤 주제에 속하는 내용을 말한다. 무언가가 어떻게 구성되는지를 설명하고 싶다면 '구성요소' 템플릿을 선택한다. 구성요소는 주제와 관련된 부분적인 내용을 설명할 때 사용한다. 구성요소를 표현할 때는 주로 도형을 사용한다. 조각난 도형들을 조화롭게 표현하는 데는 어려움이 따르는데, 이럴 때는 검색 사이트에서 조각내어 표현한 적절한 도형 이미지를 다운로드하여 변경해서 사용하는 것도 방법이다.

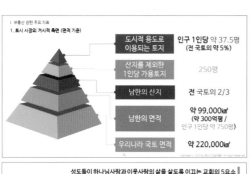

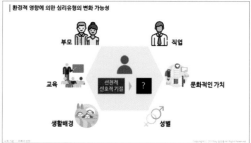

'구성요소' 템플릿을 이용해 만든 PPT

▎특징

구성요소로 내용을 표현할 때는 완성된 도형을 조각내어 각 조각에 설명하는 내용을 넣는 식으로 만든다. 예시에서는 삼각형을 사용했지만 담는 내용에 따라 다른 모양을 사용해도 좋다. 각 내용마다 다른 색을 적용하면 차별성이 더 부각되어 보인다. 글로만 표현하는 것보다 내용과 관련된 픽토그램을 사용하면 보는 사람이 더 쉽게 내용을 이해할 수 있다.

▎'구성요소' 레이아웃 만들기

작가 이지성씨가 쓴 에이트 책을 보면 인공지능이 지배하는 시대에 계층은 4가지로 분류된다. 첫 번째 계층은 극소수의 사람들로 인공지능을 지배한다. 두 번째 계층은 인공지능 시대에 주목받는 소수의 스타이다. 세 번째 계층은 인공지능이다. 네 번째 계층은 일반인이다.

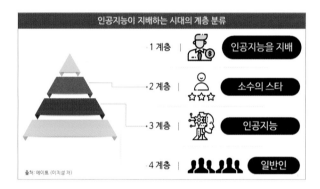

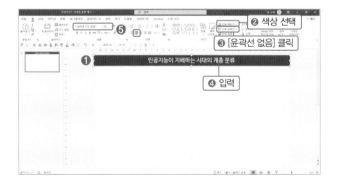

제목 입력하기

1. ❶ 직사각형을 삽입한다.

2. ❷ [도형 채우기]를 클릭하여 '테마색'에서 검정, 텍스트 1, 35% 더 밝게를 선택한다. ❸ [도형 윤곽선]–[윤곽선 없음]을 클릭한다.

3. ❹ 직사각형에 제목을 입력하고 ❺ 글꼴 '나눔바른고딕', 크기 '28', 가운데 맞춤으로 설정한다.

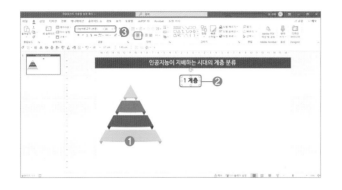

텍스트, 이미지, 도형 삽입하기

1. ❶ 이미지를 삽입한다.

2. ❷ 텍스트 상자를 삽입하고 글자를 입력한다. ❸ 글꼴 '나눔바른고딕', 크기 '28', 가운데 맞춤으로 설정한다.

단축키 》
[그림 삽입] 실행 : 순서대로 Alt, N, P, D 누르기

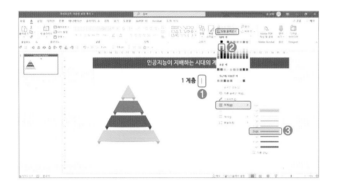

3. ❶ 선을 삽입한다.

4. ❷ [도형 윤곽선]을 클릭하여 '테마색'에서 검정, 텍스트 1, 50% 더 밝게를 선택하고 ❸ [두께]–[2¼pt]를 클릭한다.

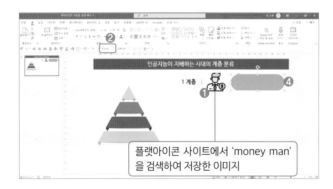

플랫아이콘 사이트에서 'money man'을 검색하여 저장한 이미지

5. ❶ 이미지를 삽입한 후 ❷ [도형 너비]에서 숫자를 입력하여 크기를 줄인다.

6. ❸ 사각형:둥근 모서리 도형을 삽입한다. ❹ 도형의 노란색 점을 드래그하여 모서리를 둥그렇게 만든다.

단축키 》
[그림 삽입] 실행 : 순서대로 Alt, N, P, D 누르기

7. ❶ [도형 채우기]의 '테마 색'에서 검정, 텍스트 1, 15% 더 밝게를 클릭한다.

8. ❷ [도형 윤곽선]-[윤곽선 없음]을 클릭한다.

9. ❶ 도형 안에 글자를 입력하고 ❷ 글꼴 '나눔바른고딕', 크기 '32', 가운데 맞춤으로 설정한다.

10. ❸ 텍스트 상자, 이미지, 도형을 모두 선택한 후 ❹ 빠른 실행 도구모음에서 [가로 간격을 동일하게], [개체 가운데 정렬]을 클릭한다.

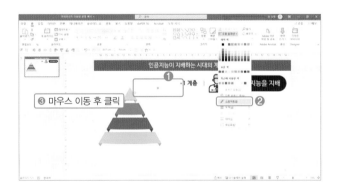

11. ❶ 연결선: 꺾임을 삽입한다.

12. ❷ [도형 윤곽선]-[스포이트]를 클릭하여 ❸ 연결선을 노란색으로 바꾼다.

단축키 》
스포이트 기능 실행 : [도형 윤곽선] 클릭 후 E 누르기

PAGE 스포이트 기능 사용하기 63쪽

13. ❶ 연결선을 마우스 오른쪽 버튼으로 클릭한다. ❷ 단축 메뉴에서 [도형 서식]을 클릭한다.

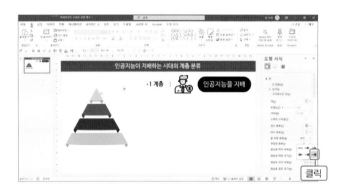

14. [도형 서식] 메뉴가 펼쳐지면 [선]–[화살표 꼬리 유형]에서 **타원 화살표**를 클릭한다.

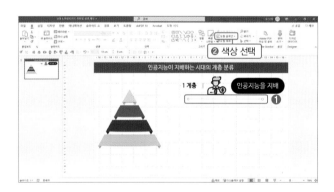

15. ❶ 선을 삽입한다.

16. ❷ [도형 윤곽선]의 '테마 색'에서 흰색, 배경 1, 25% 더 어둡게를 클릭한다.

그룹화하고 연결선 삽입하기

1. 지금까지의 방법을 활용하여 다음과 같이 내용을 완성한다.

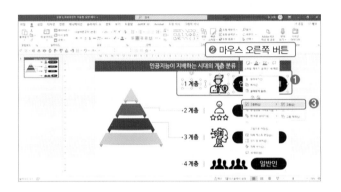

2. ❶ '1계층'의 텍스트 상자, 이미지, 도형을 모두 선택한 후 ❷ 마우스 오른쪽 버튼을 클릭한다. ❸ 단축 메뉴에서 [그룹화]–[그룹]을 클릭한다.

단축키 》》
그룹화 : 개체를 모두 선택한 후 Ctrl + G 누르기

3. ❶ 나머지 내용들도 그룹으로 만든다. ❷ 빠른 실행 도구모음에서 [세로 간격을 동일하게]를 클릭한다.

4. 연결선:꺾임을 삽입하여 나머지 내용들도 연결한다.

완성 파일 유형6_구성요소/구성요소템플릿.ppt

5. ❶ 텍스트 상자를 삽입하고 글자를 입력한다.

6. ❷ 글꼴 '나눔바른고딕', 크기 '16', 가운데 맞춤으로 설정한다.

템플릿 7.
전·후 ▦
이전 모습과 이후 모습의 차이

전·후는 '무언가의 이전 모습과 이후 모습의 차이'를 말한다. 무언가가 변화되기 전과 후의 차이를 간략히 정리하여 말하고 싶다면 '전·후' 레이아웃을 선택한다. 문서에 담은 내용의 이전과 이후가 어떻게 다른지를 설명해주는 '전·후' 레이아웃은 문서를 만드는 사람의 상황에 따라 만드는 횟수가 차이 난다. 주로 교육서, 기획서, 제안서를 만들 때 활용하면 좋다.

'전·후' 레이아웃을 이용해 만든 PPT

▌특징

'전·후' 레이아웃의 왼쪽에는 변화 전의 내용, 오른쪽에는 변화가 생긴 후의 내용을 넣는다. 전과 후의 내용 사이에는 무언가가 달라졌다는 것을 표현하기 위해 삼각형을 넣는다. 이때 삼각형을 가급적 회색으로 나타내야 다른 표현들과도 조화를 이루고 내용에도 시선을 집중시킬 수 있다.

▌'전·후' 레이아웃 만들기

새로운 서비스를 제안하게 된 배경에 대해 살펴보자. 현재 재능거래 시장의 이해관계자는 재능거래 마켓, 모임 전문공간, 건물주, 교육자로 이루어져 있다. 이후에 기술이 발전하면 미래 재능거래 시장의 이해관계자가 변할 것이다. 기존의 재능거래 마켓, 모임 전문공간, 건물주, 교육자에서 10기가 인터넷 제공회사가 추가될 것이라 예상된다.

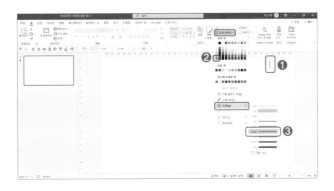

제목 입력하기

1. ❶ 선을 삽입한다.

2. ❷ [도형 윤곽선]의 '테마 색'에서 흰색, 배경 1, 50% 더 어둡게를 선택하고 ❸ [두께]-[2¼pt]를 클릭한다.

3. ❶ 텍스트 상자를 삽입하고 제목을 입력한다.

4. ❷ 글꼴 '나눔바른고딕', 크기 '22', 가운데 맞춤으로 설정한다.

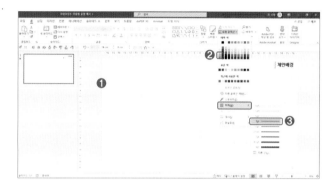

'전·후' 내용 중 '전' 내용 입력하기

1. ❶ 선을 삽입한다.

2. ❷ [도형 윤곽선]의 '테마 색'에서 흰색, 배경 1, 35% 더 어둡게를 선택하고 ❸ [두께]-[1pt]를 클릭한다.

3. ❶ 텍스트 상자를 삽입하고 글자를 입력한다.

4. ❷ 글꼴 '나눔바른고딕', 크기 '28', 가운데 맞춤으로 설정한다.

5. ❶ 선과 글자를 모두 선택한 후 ❷ 다음과 같이 복사하고 ❸ 내용을 수정한다.

단축키 》
글자 복사 : Ctrl + Shift 누른 채 텍스트 상자 드래그

6. ❶ 강조할 글자를 선택한 후 ❷ [글꼴 색]–[다른 색]을 클릭하여 색상 값으로 빨강(R) '0', 녹색(G) '121', 파랑(B) '248'을 입력한다.

단축키 》
[색] 대화상자 실행 : [글꼴 색] 클릭 후 M 누르기

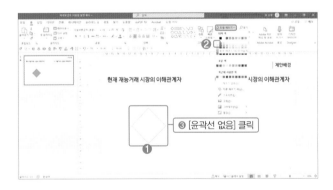

7. ❶ 다이아몬드 도형을 삽입한다.

8. ❷ [도형 채우기]의 '테마 색'에서 흰색, 배경 1, 5% 더 어둡게를 선택한다. ❸ [도형 윤곽선]–[윤곽선 없음]을 클릭한다.

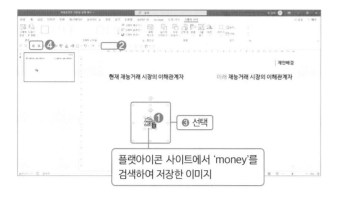

플랫아이콘 사이트에서 'money'를
검색하여 저장한 이미지

9. ❶ 이미지를 삽입한 후 ❷ [도형 너비]에서 숫자를 입력하여 크기를 줄인다.

10. ❸ 다이아몬드 도형과 이미지를 선택한 후 ❹ 빠른 실행 도구모음에서 [개체 가운데 맞춤], [개체 가운데 정렬]을 클릭한다.

단축키 》》
[그림 삽입] 실행 : 순서대로 [Alt], [N], [P], [D]
누르기

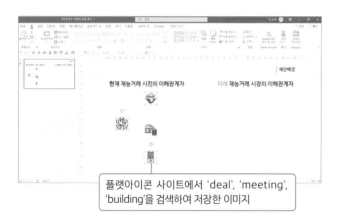

플랫아이콘 사이트에서 'deal', 'meeting',
'building'을 검색하여 저장한 이미지

11. 다른 픽토그램을 삽입하여 다음과 같이 완성한다.

12. ❶ 텍스트 상자를 삽입하고 글자를 입력한다.

13. ❷ 글꼴 '나눔바른고딕', 크기 '18', 가운데 맞춤으로 설정한다.

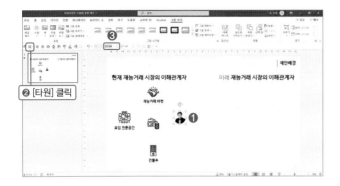

14. ❶ 이미지를 삽입한다.

15. ❷ 빠른 실행 도구모음의 [자르기]에서 [도형에 맞춰 자르기]–[타원]을 클릭한다. ❸ [도형 너비]에 숫자를 입력하여 크기를 줄인다.

16. ❶ 텍스트 상자를 삽입하고 글자를 입력한다.

17. ❷ 글꼴 '나눔바른고딕', 크기 '18', 가운데 맞춤으로 설정한다.

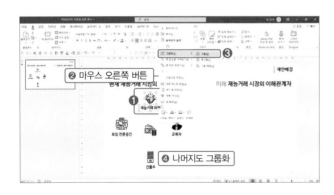

18. ❶ 이미지와 글자를 선택한 후 ❷ 마우스 오른쪽 버튼을 클릭한다. ❸ 단축 메뉴에서 [그룹화]–[그룹]을 클릭한다.

19. ❹ 다른 내용들도 그룹으로 만든다.

단축키 ≫
그룹화 : 개체 모두 선택한 후 Ctrl + G 누르기

20. ❶ 가로로 된 그룹들을 선택한 후 [가로 간격을 동일하게]를 클릭한다. ❷ 세로로 된 그룹들을 선택한 후 [세로 간격을 동일하게]를 클릭한다.

'전·후' 내용 중 '후' 내용 입력하기

1. ❶ 오각형을 삽입한다.

2. ❷ [도형 채우기]의 '테마 색'에서 흰색, 배경 1, 5% 더 어둡게를 클릭한다. ❸ [도형 윤곽선]–[윤곽선 없음]을 클릭한다.

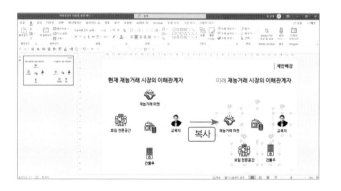

3. 왼쪽의 내용들을 복사하여 다음과 같이 배치한다.

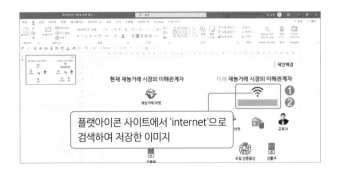

4. ❶ 오각형의 맨 위 꼭짓점에 이미지를 삽입하고 ❷ 바로 아래쪽에 직사각형을 삽입한다.

5. 직사각형이 선택된 상태에서 ❶ [도형 채우기]-[스포이트]를 클릭하여 ❷ 파란색 글지의 색상으로 바꾼다. ❸ [도형 윤곽선]-[윤곽선 없음]을 클릭한다.

단축키 》
스포이트 기능 실행 : [도형 채우기] 클릭 후 E 누르기

6. ❶ 직사각형 안에 글자를 입력하고 ❷ 글꼴 '나눔바른고딕', 크기 '18', 가운데 맞춤으로 설정한다.

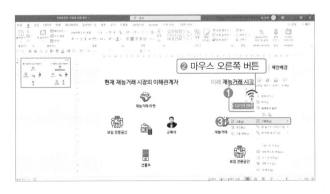

7. ❶ 이미지와 직사각형을 선택한 후 ❷ 마우스 오른쪽 버튼을 클릭한다. ❸ 단축 메뉴에서 [그룹화]-[그룹]을 클릭한다.

단축키 》
그룹화 : 개체 모두 선택한 후 Ctrl + G 누르기

8. ❶ 각 꼭짓점의 이미지와 글자를 그룹으로 만든다.

9. ❷ 가로로 된 그룹들을 선택한 후 ❸ 빠른 실행 도구모음에서 [가로 간격을 동일하게]를 클릭한다.

10. ❶ 이등변 삼각형을 삽입한다.

11. ❷ [도형 채우기]의 '테마 색'에서 흰색, 배경 1, 25% 더 어둡게를 클릭한다. ❸ [도형 윤곽선]–[윤곽선 없음]을 클릭한다.

완성 파일 유형7_전후/전후템플릿.ppt

12. 이등변 삼각형이 선택된 상태에서 ❶ [도형 서식] 메뉴–[정렬] 목록에서 [회전]–[오른쪽으로 90도 회전]을 클릭한다.

13. ❷ 다음과 같이 선택한 후 ❸ 빠른 실행 도구모음에서 [가로 간격을 동일하게]를 클릭한다.

템플릿 8
상세 방안
일할 때 활용하는 구체적인 방법들

'상세 방안'은 어떤 일을 할 때 활용하는 구체적인 방법들을 말한다. 일정한 기준에 따라 방안을 잘 정리하고 싶다면 '상세 방안' 레이아웃을 선택한다. 업무상 만난 사람에게 상세 방안을 설명하고 싶은데 준비한 문서가 없다면 내용을 전달하는 데 꽤 많은 시간과 수고가 들 것이다. 듣는 입장에서도 이해를 잘 못할 수 있다. '상세 방안' 레이아웃을 이용하여 만든 문서는 다음과 같은 장점들이 있다. 첫째, 내용을 전달하는 데 시간과 에너지가 적게 든다. 둘째, 전달하고 싶은 내용을 모두 나눌 수 있다. 셋째, 시각적으로 표현한 문서를 보면서 이야기를 나누면 듣는 사람이 내용을 더 정확하게 이해하게 된다.

'상세 방안' 레이아웃을 이용해 만든 PPT

특징

'상세 방안' 레이아웃은 보통 교육서보다는 기획서나 제안서에서 자주 사용한다. 사람들과 합의한 공동 목표를 이루기 위해서는 해야 할 일을 잘 정리해 생각을 나누는 과정이 필요하다. '상세 방안' 레이아웃으로 자신이 생각하는 가장 적절한 기준으로 내용을 나누어 표현하면 문서를 보는 사람이 쉽게 이해할 수 있다. '상세 방안' 레이아웃의 왼쪽에 큰 주제의 내용을 담고, 오른쪽에는 세밀한 방안을 넣는다.

'상세 방안' 레이아웃 만들기

손실의 위험을 줄이는 수익극대화 방법으로 분산투자를 통한 변동성(위험) 축소 방안이 있다. 이에 대해 알아보자. 보유 중인 전체 자산을 기준으로 해서 1단계는 기초자산을 배분한다. 이때 구체적으로 자산의 40~50%는 주식형 자산에, 20~30%는 채권 및 예금에, 10~20%는 부동산에 투자한다. 1% 내외는 현금으로 보유한다. 2단계로 주식형 자산은 선호하는 성향에 맞춰 스타일 배분을 한다. 투자처를 국내로 해서는 성장주, 가치주, 배당주에 가장 나은 방안으로 투자한다. 투자처를 해외로 해서는 소비가 많은 국가 기준으로 미국과 유럽에, 생산이 많은 국가 기준으로 중국과 인도 등에, 마지막으로 원자재가 풍부한 국가 기준으로 중남미, 동유럽에 투자한다.

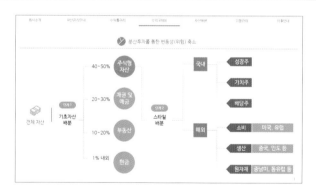

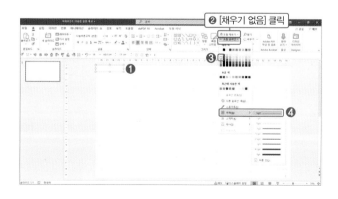

메뉴 만들기

1. ❶ 직사각형을 삽입한다. ❷ [도형 채우기]-[채우기 없음]을 클릭한다.
- 도형 크기 4.83×1.1cm

2. ❸ [도형 윤곽선]을 '테마 색'에서 흰색, 배경 1, 15% 더 어둡게를 선택하고 ❹ [두께]-[½pt]를 클릭한다.

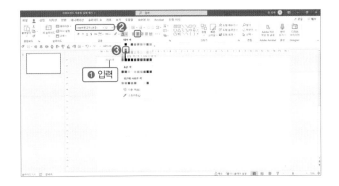

3. 직사각형 안에 ❶ 글자를 입력하고 ❷ 글꼴 '나눔바른고딕', 크기 '12', 가운데 맞춤으로 설정한다. ❸ [글꼴 색]의 '테마 색'에서 검정, 텍스트1, 50% 더 밝게를 선택한다.

❶ 입력

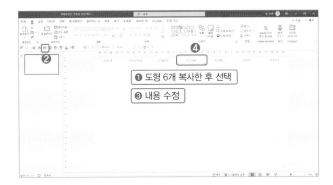

❶ 도형 6개 복사한 후 선택

❸ 내용 수정

4. ❶ 직사각형을 6개 복사한 후 모든 도형을 선택하고 ❷ 빠른 실행 도구모음에서 [가로 간격을 동일하게]를 클릭한다.

5. ❸ 직사각형 안의 내용들을 수정한다. ❹ 선을 삽입한다.

단축키 》
도형 복사하기 : Ctrl + Shift + 드래그

선의 색상과 굵기 설정하기

1. ❶ [도형 윤곽선]–[다른 윤곽선 색]을 클릭하여 ❷ 색상 값으로 빨강(R) '246', 녹색(G) '139', 파랑(B) '31'을 입력한다.

2. ❸ [도형 윤곽선]에서 [두께]–[3pt]를 클릭한다.

단축키 》
[색] 대화상자 실행 : [도형 윤곽선] 클릭 후
M 누르기

제목 입력하기

1. ❶ 선을 삽입한다.

2. ❷ [도형 윤곽선]–[스포이트]를 클릭하여 ❸ 주황색 선의 색상으로 바꾼다.

단축키 》
스포이트 기능 실행 : [도형 윤곽선] 클릭 후 E 누르기

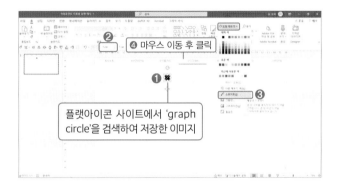

3. ❶ 이미지를 삽입한다. ❷ [도형 너비]에 숫자를 입력하여 크기를 줄인다.

4. ❸ [도형 채우기]–[스포이트]를 클릭하여 ❹ 주황색 선의 색상으로 바꾼다.

단축키 》
[그림 삽입] 실행 : 순서대로 Alt , N , P , D 누르기

단축키 》
스포이트 기능 실행 : [도형 채우기] 클릭 후 E 누르기

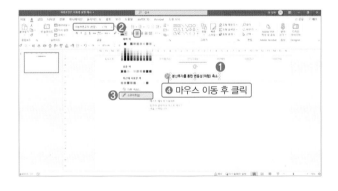

5. ❶ 텍스트 상자를 삽입하고 글자를 입력한다. ❷ 글꼴 '나눔바른고딕', 크기 '16', 가운데 맞춤으로 설정한다.

6. ❸ [글꼴 색]–[스포이트]를 클릭하여 ❹ 픽토그램 이미지의 색상으로 바꾼다.

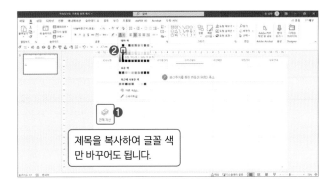

1단계 내용 입력하기

1. ❶ 픽토그램과 텍스트를 삽입한다.
❷ [글꼴 색]의 '테마 색'에서 검정, 텍스트1, 50% 더 밝게로 선택한다.

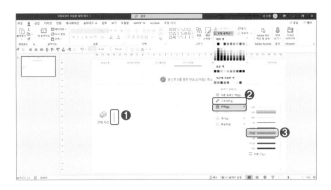

2. ❶ 선을 삽입한다.

3. ❷ 선의 색을 [스포이트] 기능을 이용하여 주황색으로 바꾸고 ❸ [도형 윤곽선]에서 [두께]−[2¼pt]를 클릭한다.

4. ❶ 사각형:둥근 모서리 도형을 삽입한다. ❷ 도형의 노란색 점을 움직여 모서리를 둥글게 만든다.

5. ❶ [도형 채우기]의 '테마 색'에서 흰색, 배경 1, 35% 더 어둡게를 선택한다. ❷ [도형 윤곽선]–[윤곽선 없음]을 클릭한다.

6. ❸ 도형 안에 글자를 입력하고 ❹ 글꼴 '나눔바른고딕', 크기 '11', 가운데 맞춤으로 설정한다.

7. ❶ 텍스트 상자를 삽입하고 글자를 입력한다.

8. ❷ 글꼴 '나눔바른고딕', 크기 '16', 가운데 맞춤으로 설정한다.

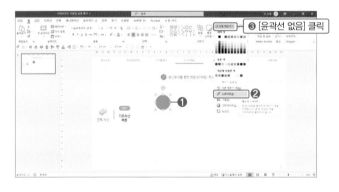

9. ❶ 타원을 삽입한다.

10. ❷ [도형 채우기]–[스포이트] 기능을 이용하여 주황색으로 바꾼다. ❸ [도형 윤곽선]–[윤곽선 없음]을 클릭한다.

TIP

타원을 선택한 후 Shift 를 누른 채 드래그하면 원 모양으로 삽입된다.

단축키 》
스포이트 기능 실행 : [도형 채우기] 클릭 후 E 누르기

11. ❶ 도형 안에 글자를 입력한 후 ❷ 타원을 마우스 오른쪽 버튼으로 클릭한다. ❸ 단축 메뉴에서 [크기 및 위치]를 클릭한다.

❶ 입력

❷ 마우스 오른쪽 버튼

❸

12. [도형 서식] 메뉴가 펼쳐지면 [텍스트 옵션]–[텍스트 상자]에서 [도형의 텍스트 배치]의 체크 표시를 없앤다.

클릭

TIP

도형의 텍스트 배치

'도형의 텍스트 배치'의 체크 표시를 없애면 도형의 길이와 상관없이 줄바꿈이 되지 않는 상태를 유지하며 글자를 입력할 수 있다. 원하는 부분에서 줄바꿈을 할 수 있어서 표현을 좀 더 자유롭게 할 수 있다.

13. ❶ 타원을 3개 복사하여 모두 선택한 후 ❷ 빠른 실행 도구모음에서 [세로 간격을 동일하게]를 클릭한다.

❶ 도형 3개 복사 후 모두 선택

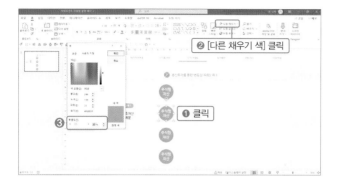

14. ❶ 두 번째 타원을 클릭한 후 ❷ [도형 채우기]–[다른 채우기 색]을 클릭하여 ❸ [색] 대화상자의 [사용자 지정] 화면에서 [투명도]에 20을 입력한다.

단축키 》

[색] 대화상자 실행 : [도형 채우기] 클릭 후 Ⓜ 누르기

15. 타원이 선택된 상태에서 ❶ 빠른 실행 도구모음에서 [서식 복사]를 더블클릭한다.

16. ❷ 세 번째 타원과 네 번째 타원을 클릭하면 선택한 타원의 서식을 적용된다. ❸ 각 타원에 입력된 내용을 수정한다.

TIP

서식 복사를 적용할 대상이 2개 이상이라면 [서식 복사]를 더블클릭하는 것이 좋다. Ⓔⓢⓒ를 누르면 서식 복사 기능이 사라진다.

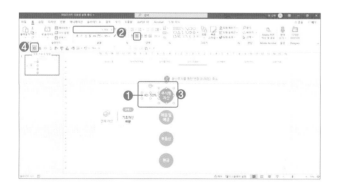

17. 첫 번째 타원 옆에 ❶ 텍스트 상자를 삽입하고 글자를 입력한다. ❷ 글꼴 '나눔바른고딕', 크기 '16', 가운데 맞춤으로 설정한다.

18. ❸ 글자와 타원을 모두 선택한 후 ❹ 빠른 실행 도구모음에서 [개체 가운데 정렬]을 클릭한다.

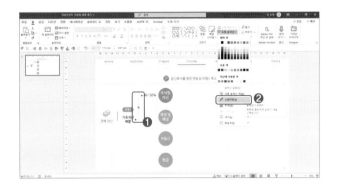

19. ❶ 연결선: 꺾임을 삽입한다. ❷ [스포이트] 기능을 이용하여 연주황색으로 바꾼다.

단축키 》
스포이트 기능 실행 : [도형 윤곽선] 클릭 후 E 누르기

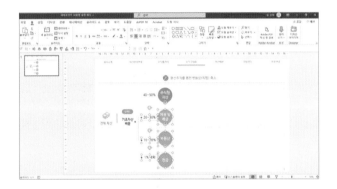

20. 다음과 같이 내용을 완성한다.

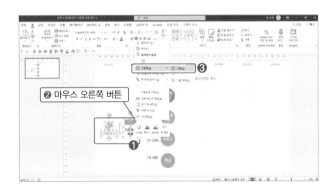

21. 다음과 같이 ❶ 이미지와 글자들을 선택한 후 ❷ 마우스 오른쪽 버튼을 클릭한다. ❸ 단축 메뉴에서 [그룹화]-[그룹]을 클릭한다.

단축키 》
그룹화 : 개체 모두 선택한 후 Ctrl + G 누르기

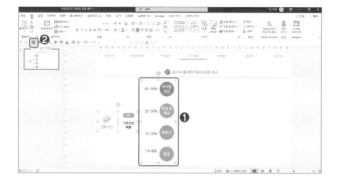

22. ❶ 타원과 글자들을 모두 선택하여 그룹을 만든다. ❷ 빠른 실행 도구 모음에서 [개체 가운데 정렬]을 클릭한다.

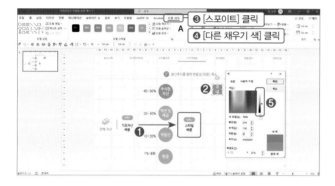

❸ [스포이트] 클릭
❹ [다른 채우기 색] 클릭

2단계 내용 입력하기

1. ❶ 다음과 같이 복사한 후 내용을 수정한다.

2. ❷ 직사각형을 삽입하고 글자를 입력한다. ❸ [도형 채우기]–[스포이트] 기능을 이용하여 타원의 색상을 적용한다.

3. ❹ [도형 채우기]–[다른 채우기 색]을 클릭하여 ❺ 명도를 조절하는 화살표를 아래로 드래그하여 진한 색으로 만든다.

단축키 》
[색] 대화상자 실행 : [도형 채우기] 클릭 후 M 누르기

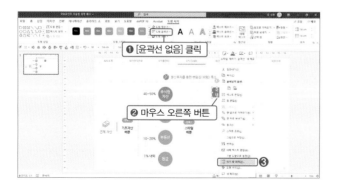

❶ [윤곽선 없음] 클릭
❷ 마우스 오른쪽 버튼
❸

4. ❶ [도형 윤곽선]–[윤곽선 없음]을 클릭한다.

5. ❷ 직사각형을 마우스 오른쪽 버튼으로 클릭한 후 ❸ 단축 메뉴에서 [크기 및 위치]를 클릭한다.

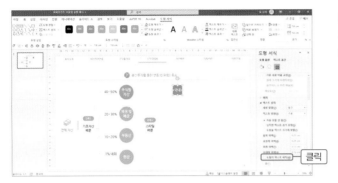

6. [도형 서식] 메뉴가 펼쳐지면 [텍스트 옵션]–[텍스트 상자]에서 '**도형의 텍스트 배치**'의 체크 표시를 없앤다.

클릭

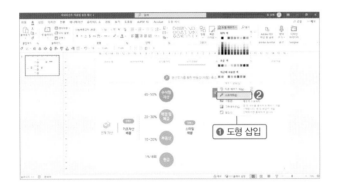

❶ 도형 삽입

7. ❶ 화살표:오각형 도형을 삽입한다. ❷ [도형 채우기]–[스포이트] 기능을 이용하여 직사각형의 색상으로 바꾼다.

단축키 》
스포이트 기능 : [도형 채우기] 클릭한 후
Ｅ 누르기

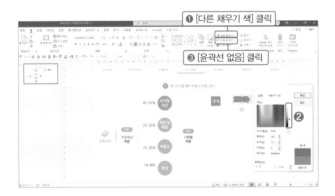

❶ [다른 채우기 색] 클릭

❸ [윤곽선 없음] 클릭

8. ❶ [도형 채우기]–[다른 채우기 색]을 클릭한다. ❷ [색] 대화상자의 [사용자 지정] 화면에서 색의 명도를 조절하는 화살표를 아래로 드래그하여 더 진한 색으로 만든다.

9. ❸ [도형 윤곽선]–[윤곽선 없음]을 클릭한다.

단축키 》
[색] 대화상자 실행 : [도형 채우기] 클릭 후
Ｍ 누르기

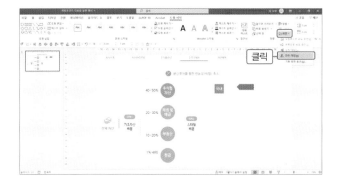

10. 도형이 선택된 상태에서 [서식] 메뉴-[정렬] 목록에서 [회전]-[좌우 대칭]을 클릭한다.

11. ❶ 도형 안에 **텍스트 상자**를 삽입하고 글자를 입력한다. ❷ 글꼴 '나눔바른고딕', 크기 '18', 가운데 맞춤으로 설정한다.

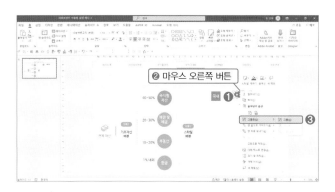

12. ❶ 오각형 화살표 도형과 글자를 선택한 후 ❷ 마우스 오른쪽 버튼을 클릭한다. ❸ 단축 메뉴에서 [그룹화]-[그룹]을 클릭한다.

단축키 》
그룹 만들기 : 개체 모두 선택한 후 Ctrl + G 누르기

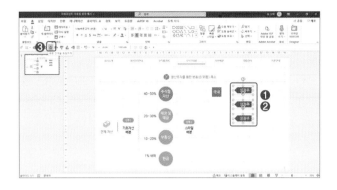

13. ❶ 방금 만든 그룹을 2개 복사한다.

14. ❷ 그룹들을 모두 선택한 후 ❸ 빠른 실행 도구모음에서 [세로 간격을 동일하게]를 클릭한다.

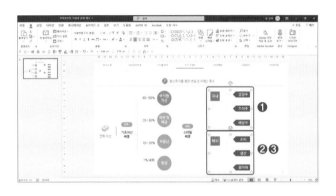

15. 방금 만든 내용들을 ❶ 그룹으로 만든다. ❷ 다음과 같이 복사하고 ❸ 내용을 수정한다.

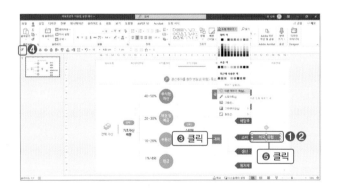

16. ❶ 직사각형을 삽입하고 ❷ 글자를 입력한다.

17. ❸ 황토색 직사각형을 클릭한 후 ❹ 빠른 실행 도구모음에서 [서식 복사]를 클릭한다. ❺ 방금 만든 직사각형을 클릭하면 서식이 적용된다.

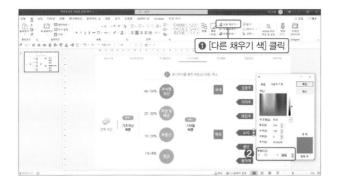

18. 도형이 선택된 상태에서 ❶ [도형 채우기]-[다른 채우기 색]을 클릭한다.

19. ❷ [색] 대화상자에서 [사용자 지정] 화면의 [투명도]에 30을 입력한다. 도형의 색이 연해진다.

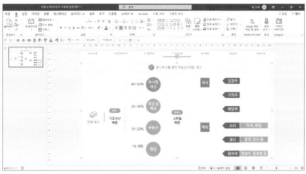

완성 파일 유형8_상세방안/상세방안템플릿.ppt

20. 직사각형을 복사하고 내용을 수정한다.

템플릿 9
연혁
지난 일들의 자료화

'연혁'은 단체나 조직에서 일어난 주요한 일들을 말한다. 회사나 기관의 주요 역사를 정리하여 말하고 싶다면 '연혁' 레이아웃을 선택한다. '연혁' 레이아웃을 만들 때 점과 선을 잘 표현하는 것보다 더 중요한 것은 지금까지 어떤 일들이 있었는지 알 수 있도록 문구와 이미지를 적절하게 사용하는 것이다. 지난 일들을 자료화하는 것이, 뛰어난 문서 작성 능력보다 더 중요하다고 할 수 있다.

'연혁' 레이아웃을 이용해 만든 PPT

특징

'연혁' 레이아웃은 지나온 일대기를 나타내므로 기본적으로 선과 점을 이용하여 표현한다. 특정 시기에 일어난 일들은 글과 관련 이미지를 사용하여 간략하게 설명한다. 특정 시기에 주요 사건이 여러 개라면, 한 장의 슬라이드에 모두 담기 힘들다. 이런 경우에는 현재 설명하고 있는 특정 시기와 관련 없는 내용을 검은색 계열로 표현하여 시선이 덜 가게 만드는 것이 좋다.

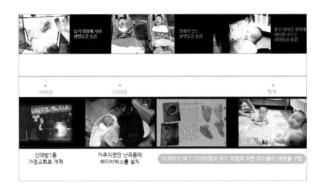

'연혁' 레이아웃 만들기

2000년대 들어 더 아름다워진 서울의 모습을 보자. 건물에서 비치는 빛이 조화로운 서울의 야경은 매력적이다. 다리에서 비치는 빛과 함께 보이는 한강의 모습도 매력적이긴 마찬가지다. 한옥 형태로 지은 건물은 서울의 옛 정취를 느끼게 한다. 이는 한옥 형태로 지은 집들 사이를 걸을 때도 마찬가지다. 밤에 운전하면서 보게 되는 서울의 야경은 멋스럽다.

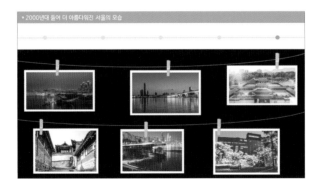

선과 점 만들기

1. **❶** 직사각형을 삽입한다.

2. **❷** [도형 채우기]–[다른 채우기 색]을 클릭한 후 **❸** 색상 값으로 빨강(R) '246', 녹색(G) '120', 파랑(B) '114'를 입력한다. **❹** [도형 윤곽선]–[윤곽선 없음]을 클릭한다.

단축키 》
[색] 대화상자 실행 : [도형 채우기] 클릭 후 M 누르기

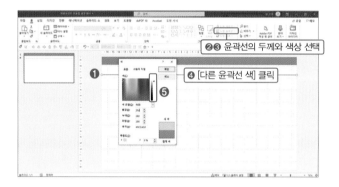

3. **❶** 선을 삽입한다. **❷** [도형 윤곽선]에서 [두께]–[3pt]를 클릭한다.

4. **❸** [도형 윤곽선]–[스포이트] 기능을 이용하여 선을 직사각형 색상으로 바꾼다.

5. **❹** [도형 윤곽선]–[다른 윤곽선 색]을 클릭한 후 **❺** [색] 대화상자에서 색의 명도를 조절하는 화살표를 위로 드래그하여 연한 색으로 바꾼다.

단축키 》
스포이트 기능 실행 : [도형 윤곽선] 클릭 후 E 누르기

6. **❶** 타원을 삽입한다.

7. **❷** [도형 채우기]–[스포이트] 기능을 이용하여 선의 색상으로 바꾼다. **❸** [도형 윤곽선]–[윤곽선 없음]을 클릭한다.

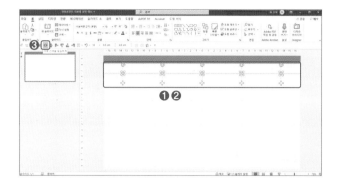

8. ❶ 타원을 4개 복사하고 ❷ 모두 선택한다.

9. ❸ 빠른 실행 도구모음에서 [가로 간격을 동일하게]를 클릭한다.

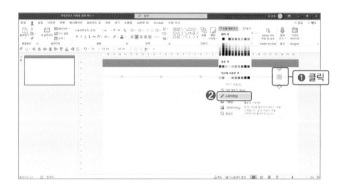

10. ❶ 다섯 번째 타원을 클릭한 후 ❷ [도형 채우기]-[스포이트]를 클릭 하여 직사각형 색상으로 바꾼다.

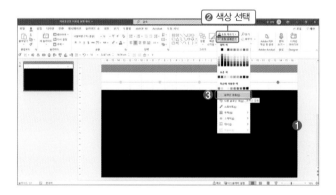

사진 삽입하기

1. ❶ 직사각형을 삽입한다.

2. ❷ [도형 채우기]의 '테마 색'에서 검정, 텍스트1을 선택하고 ❸ [도형 윤곽선]-[윤곽선 없음]을 클릭한다.

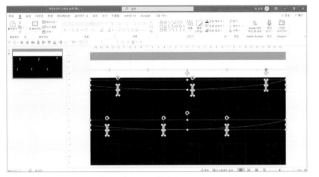

3. 이미지를 삽입하여 다음과 같이 만든다.

단축키 ≫
[그림 삽입] 실행 : 순서대로 Alt N P D 누르기

이미지 파일 유형9_연혁/이미지1.png, 이미지2.png

4. ❶ 이미지를 삽입한다. ❷ [도형 너비]에 숫자를 입력해 크기를 줄인다.

플랫아이콘 사이트에서 'seoul'을 검색하여 저장한 파일

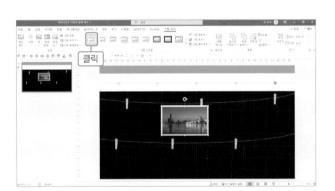

5. 이미지가 선택된 상태에서 [서식] 메뉴-[그림 스타일] 목록에서 단순형 프레임, 흰색을 클릭한다. 이미지가 액자 형태로 바뀐다.

클릭

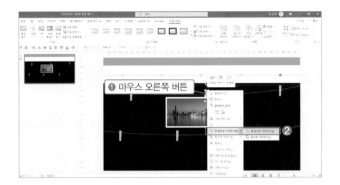

6. ❶ 집게 이미지를 마우스 오른쪽 버튼으로 클릭한다. ❷ 단축 메뉴에서 [맨 앞으로 가져오기]–[맨 앞으로 가져오기]를 클릭한다. 집게 이미지가 맨 앞에 배치된다.

7. 나머지 이미지를 삽입하여 다음과 같이 완성한다.

8. ❶ 직사각형 안에 텍스트 상자를 삽입하고 글자를 입력한다.

9. ❷ 글꼴 '나눔바른고딕', 크기 '19', 왼쪽 맞춤으로 설정한다.

템플릿 10
조직도
잘 구성된 조직과 사람들

'조직도'는 특정 주제와 관련된 사람들을 소개하는 것을 말한다. 파워포인트로 문서를 만들 때 잘 구성한 조직의 체계와 그와 관련된 사람을 소개하고 싶다면? 12가지 템플릿 중 '조직도'를 선택한다. 조직도를 만들 때는 표현에 대한 고민보다는 조직도에 담을 내용을 정하는 데 시간이 걸린다. 지금은 1인 사업가가 많아지고 있고 갈수록 작은 규모로 일하는 것을 선호하는 시대다. 그래서 여러 개의 팀을 구성하고 사람들을 배치하는 등의 조직도를 작성하는 경우가 많지는 않다.

'조직도' 레이아웃을 이용해 만든 PPT

특징

조직도에서는 역할과 담당자의 이름을 주로 도형에 넣어 만든다. 보통은 선을 사용해 상하 관계를 표현하고 상황에 따라선 인물 사진을 넣기도 한다. 사진을 넣으면 더 신뢰감을 줄 수 있지만 사진을 보기 좋게 표현하는 데 시간에 걸리므로 꼭 필요한 경우가 아니라면 넣지 않는 것이 좋다.

'조직도' 레이아웃 만들기

교육 서비스 운영에 필요한 부서에 대해 살펴보자. '비즈니스 문서작성 지원' 서비스 운영을 위해 필요한 조직의 구성은 다음과 같다. 강의 담당, 교육서 제작 담당, 도서 출간 담당, 인터넷 방송 담당, 커뮤니티 운영 담당. 부서별로 하는 일에 대해 살펴보자. 강의 부서는 교육 논의 및 준비, 진행을 담당한다. 교육서 제작 부서는 제작을 논의하며 문서를 제작한다. 도서 출간 부서는 원고를 작성하고 출간 전 검토를 담당한다. 인터넷 방송 부서는 방송을 준비하고, 방송 촬영 및 편집, 편집한 영상을 업로드한다. 마지막으로 커뮤니티 운영 부서는 게시물을 작성하며 대중과 소통하고 광고를 집행한다.

제목 입력하기

1. ❶ 직사각형을 삽입한다.

2. ❷ [도형 채우기]의 '테마 색'에서 검정, 텍스트 1, 25% 더 밝게를 선택하고 ❸ [도형 윤곽선]-[윤곽선 없음]을 클릭한다.

3. ❹ 직사각형 안에 글자를 입력하고 ❺ 글꼴 '나눔바른고딕', 크기 '22', 가운데 맞춤으로 설정한다.

플랫아이콘 사이트에서 'business meeting'으로
검색하여 저장한 이미지

원형 이미지 만들고 제목과 연결하기

1. ❶ 이미지를 삽입한다. ❷ [도형 너비]에 숫자를 입력해 크기를 줄인다.

2. ❸ 빠른 실행 도구모음의 [자르기]에서 [가로 세로 비율]-[1:1]을 클릭한다. 이미지가 정사각형 비율로 바뀐다.

단축키 》
[그림 삽입] 실행 : 순서대로 Alt, N, P, D 누르기

3. [자르기]에서 [도형에 맞춰 자르기]-[타원]을 클릭한다. 이미지가 원형으로 바뀐다.

4. ❶ 연결선: 꺾임을 삽입한다.

5. ❷ [도형 윤곽선]의 '테마 색'에서 흰색, 배경 1, 25% 더 어둡게를 선택한다.

'하는 일' 작성하기

1. ❶ 텍스트 상자를 삽입하고 글자를 입력한다.

2. ❷ 글꼴 '나눔바른고딕', 크기 '20', 가운데 맞춤으로 설정한다.

3. ❶ 선을 삽입한다.

4. ❷ [도형 윤곽선]의 '테마 색'에서 흰색, 배경 1, 35% 더 어둡게를 클릭한다.

5. 글자 아래에 **직사각형**을 삽입한다.

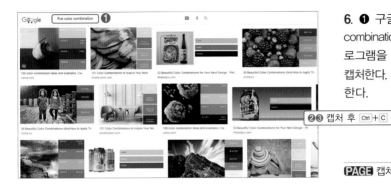

6. ❶ 구글 사이트에서 'five color combination'을 검색한다. ❷ 캡처 프로그램을 이용하여 원하는 부분을 캡처한다. ❸ Ctrl + C 를 눌러 복사한다.

❷❸ 캡처 후 Ctrl + C

PAGE 캡처 프로그램 사용하기 | 112쪽

❷ 클릭
❶ Ctrl + V

7. ❶ 파워포인트 화면에서 Ctrl + V 를 눌러 캡처한 이미지를 붙여 넣는다.

8. ❷ 직사각형을 클릭한 후 ❸ [도형 채우기]-[스포이트]를 클릭하여 붙여 넣은 이미지의 주황색을 적용한다.

단축키 》
스포이트 기능 실행 : [도형 채우기] 클릭 후 E 누르기

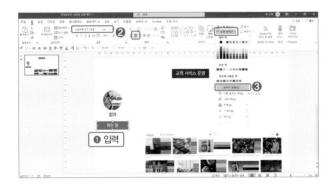

❶ 입력

9. ❶ 직사각형 안에 글자를 입력하고 ❷ 글꼴 '나눔바른고딕', 크기 '20', 가운데 맞춤으로 설정한다. ❸ [도형 윤곽선]-[윤곽선 없음]을 클릭한다.

10. ❶ 직사각형을 삽입한다. ❷ [도형 채우기]–[채우기 없음]을 클릭한다.

11. ❶ 직사각형을 클릭한 후 ❷ [도형 윤곽선]–[스포이트]를 클릭하여 윤곽선의 색상을 주황색으로 바꾼다. ❸ [도형 윤곽선]에서 [두께]–[½pt]를 클릭한다.

단축키 》
스포이트 기능 실행 : [도형 윤곽선] 클릭 후 E 누르기

12. 직사각형이 선택된 상태에서 ❶ [홈] 메뉴–[단락] 목록의 [글머리 기호]에서 속이 찬 둥근 글머리 기호를 클릭한다.

13. 삽입된 글머리 기호 뒤에 ❷ 글자를 입력하고 ❸ 글꼴 '나눔바른고딕', ' 크기 '20', 왼쪽 맞춤으로 설정한다.

14. 눈금자를 왼쪽으로 이동하여 글 머리 기호와 글자 사이의 간격을 좁 힌다.

15. ❶ 글자를 입력한 후 ❷ [홈] 메 뉴-[단락] 목록의 [줄 간격]-[줄 간격 옵션]을 클릭한다.

16. [단락] 대화상자에서 ❸ [간격] 항 목의 [단락 앞]에 숫자를 입력한다. 줄 간격이 늘어난다.

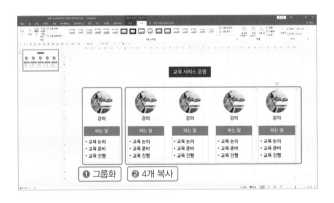

17. 다음과 같이 ❶ 선택하여 그룹으 로 만든 후 ❷ 4개를 복사하고 배치 한다. 나머지 내용들도 그룹으로 만 든다.

단축키 》
그룹화 : 개체 모두 선택한 후 Ctrl + G 누 르기

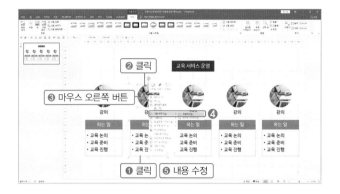

18. 복사한 그룹의 이미지를 교체하기 위해 ❶ 그룹을 클릭한 후 ❷ 이미지를 클릭한다. ❸ 이미지를 마우스 오른쪽 버튼으로 클릭한 후 ❹ 단축 메뉴에서 [그림 바꾸기]–[파일에서]를 클릭하여 이미지 파일을 선택한다. ❺ 내용도 수정한다.

완성 파일 유형10_조직도/조직도템플릿.ppt

19. ❶ 나머지 그룹의 이미지와 내용도 수정한다. ❷ 모든 그룹을 선택한 후 ❸ 빠른 실행 도구모음에서 [가로 간격을 동일하게]를 클릭한다.

템플릿 11
순환 구조
연관성을 가지고 반복되는 일

'순환 구조'는 연관성을 가진 일이 반복되는 것을 말한다. 반복되는 일을 나타내고 싶다면 '순환 구조' 레이아웃을 선택한다. '순환 구조' 레이아웃은 반복적인 내용을 담으므로 사용 빈도가 높지 않다. 이 레이아웃에서는 화살표를 많이 사용한다. 곡선 모양 화살표를 사용하면 좀 더 '순환'의 느낌을 줄 수 있지만 보기 좋게 만들려면 시간이 걸리기 때문에 문서의 중요도에 따라 직선 모양을 사용할지, 곡선 모양을 사용할지를 결정하면 된다. '순환' 내용을 표현할 때 각각의 내용을 다른 색으로 표현하면 차별성이 더 부각된다. 또 내용과 관련된 픽토그램을 사용하면 보는 사람이 더 쉽게 내용을 이해할 수 있다.

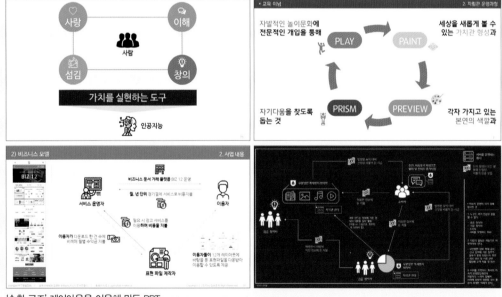

'순환 구조' 레이아웃을 이용해 만든 PPT

특징

'순환 구조' 레이아웃에서는 일이 어떻게 연관성을 가지고 반복적으로 이루어지는가를 보여주기 때문에 주로 도형 안에 내용을 입력하고 화살표를 사용하여 연관성을 표현한다. 화살표는 가급적 회색으로 표현해야 내용에 좀 더 시선을 집중시킬 수 있고 다른 요소들과도 조화를 이룬다.

'순환 구조' 레이아웃 만들기

파워포인트로 문서를 만드는 실력을 빠르게 높이기 위해서는 4가지 활동을 순환적이며 반복적으로 해야 한다. 첫 번째는 '잘 만든 PPT를 보는 것'이다. 두 번째는 '필요한 이론을 아는 것'이다. 세 번째는 '직접 만들어 보는 것'이다. 네 번째는 '부족한 점을 코칭 받는 것'이다.

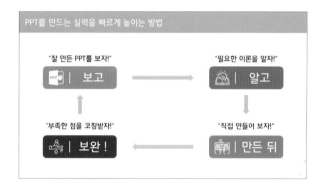

제목 입력하기

1. ❶ 직사각형을 삽입한다.

2. ❷ [도형 채우기]–[다른 채우기 색]을 클릭하여 ❸ 색상 값으로 빨강(R) '247', 녹색(G) '170', 파랑(B) '17'을 입력한다. ❹ [도형 윤곽선]–[윤곽선 없음]을 클릭한다.

단축키 》
[색] 대화상자 실행 : [도형 채우기] 클릭 후
Ⓜ 누르기

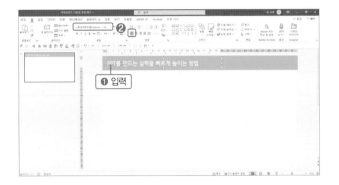

3. 도형 안에 ❶ 글자를 입력하고 ❷ 글꼴 '롯데마트드림', 크기 '28', 왼쪽 맞춤으로 설정한다.

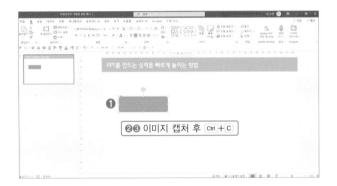

첫 번째 도형의 내용 완성하기

1. ❶ 사각형: 둥근 모서리 도형을 삽입한다.

2. ❷ 구글 사이트에서 'yellow color combination'을 검색하고 캡처한다. ❸ Ctrl + C 를 눌러 복사한다.

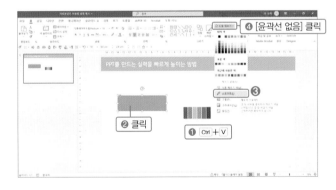

3. ❶ 파워포인트 화면에서 Ctrl + V 를 눌러 캡처한 이미지를 붙여 넣는다.

4. ❷ 사각형을 클릭한 후 ❸ [도형 채우기]-[스포이트]를 클릭하여 이미지에서 노란색을 적용한다. ❹ [도형 윤곽선]-[윤곽선 없음]을 클릭한다.

단축키 ≫
스포이트 기능 실행 : [도형 채우기] 클릭 후 E 누르기

5. ❶ 사각형 안에 **이미지**를 삽입한 후 ❷ [도형 너비]에 숫자를 입력해 크기를 줄인다.

6. ❸ [서식] 메뉴–[그래픽 스타일] 목록의 [그래픽 채우기]의 '테마 색'에서 흰색, 배경 1을 선택한다.

단축키 》
[그림 삽입] 실행 : 순서대로 Alt, N, P, D 누르기

flaticon 사이트에서 'ppt'를 검색하여 저장한 이미지

TIP

[그래픽 채우기] 메뉴가 나타나지 않는다면 파일이 svg 형식이 아니기 때문입니다. svg 파일을 불러와야 '테마 색'을 적용할 수 있습니다.

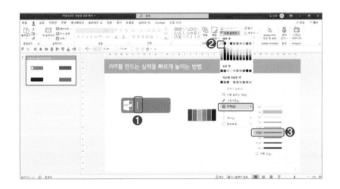

7. ❶ 선을 삽입한다.

8. ❷ [도형 윤곽선]의 '테마 색'에서 흰색, 배경 1를 클릭하고 ❸ [두께]–[2¼pt]를 클릭한다.

9. ❶ 사각형 안에 글자를 입력하고 ❷ 글꼴 '롯데마트드림', 크기 '40', 가운데 맞춤으로 설정한다.

❶ 입력

10. ❶ 사각형 위에 텍스트 상자를 삽입하고 글자를 입력한다. ❷ 글꼴 '롯데마트드림', 크기 '24', 가운데 맞춤으로 설정한다.

11. ❸ 방금 만든 내용들을 모두 선택한 후 ❹ 그룹으로 만든다.

그룹 복사하여 내용 수정하기

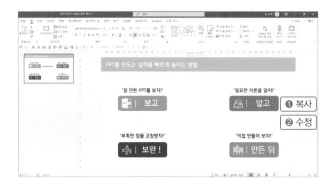

1. ❶ 그룹을 3개 복사하고 다음과 같이 배치한다. ❷ 각 그룹의 색상, 이미지, 내용을 수정한다.

PAGE 그룹의 내용 수정하기 173쪽

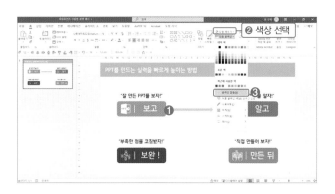

2. ❶ 화살표: 오른쪽 도형을 삽입한다.

3. ❷ [도형 채우기]의 '테마 색'에서 흰색, 배경 1, 25% 더 어둡게를 선택한다. ❸ [도형 윤곽선]−[윤곽선 없음]을 클릭한다.

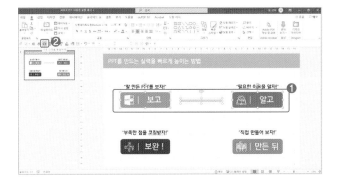

4. ❶ 위쪽 도형들을 선택한 후 ❷ 빠른 실행 도구모음에서 [가로 간격을 동일하게]와 [개체 가운데 정렬]을 클릭한다.

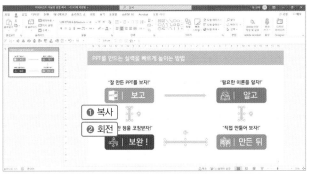

완성 파일 유형11_순환구조/순환구조템플릿.ppt

5. ❶ 화살표 3개를 복사한 후 ❷ [서식] 메뉴-[정렬] 목록에서 [회전]을 클릭하여 원하는 방향을 선택하여 문서를 완성한다.

템플릿 12
비전·목표
변화를 통해 얻고 싶은 기대효과

'비전·목표'는 변화를 통해 얻길 바라는 기대효과를 말한다. 문서를 만들 때 어떤 방법으로 변화를 꾀할 것인지, 그로 인해 무엇을 얻으려 하는지에 대해 설명하길 원한다면 12가지 템플릿 중 '비전·목표'를 선택한다.

'비전·목표' 레이아웃 문서에 담는 상황은 매우 제한적이다. 변화의 방향성 또는 변화를 통해 얻고자 하는 내용을 이야기할 때만 작성하기 때문이다. 그래서 기획서, 제안서를 자주 쓰는 사람에게 활용도가 높다. 일반적으로 일감을 받아 일하는 회사에서는 기본으로 만들어 놓은 '비전·목표' 슬라이드가 있다. 보통은 이미 만들어져 있는 슬라이드를 활용해 내용을 약간 바꿔서 사용한다. 이미 만들어 놓은 슬라이드를 활용해 내용을 잘 표현하고 싶다면 이 책의 내용을 잘 이해하면 된다.

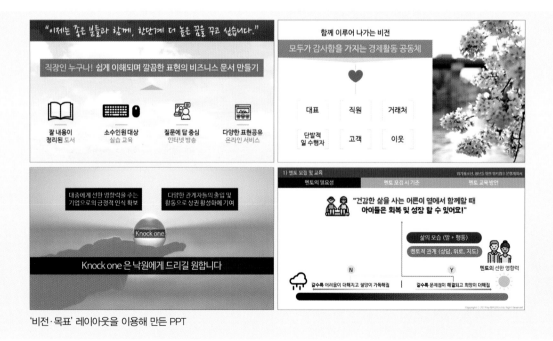

'비전·목표' 레이아웃을 이용해 만든 PPT

▌특징

'비전·목표'는 보통 기획서나 제안서에서 '한 장' 분량으로 작성된다. 변화를 주는 데는 목표가 필요하다. 이를 표현하기 위해서는 목표를 잘 알 수 있는 글을 위에 적고, 그 목표를 이루기 위해 사용할 방법을 아래에 적는다. 2개의 개체 사이에는 삼각형 또는 화살표 도형을 넣는다. 삼각형과 화살표 도형은 회색 또는 검은색을 사용해 표현하면 내용과 조화를 이루고 보기도 좋다.

▌'비전·목표' 레이아웃 만들기

잘 알고 활용하는 인터넷은 자신의 일에 꿈과 희망을 더합니다. 이를 위해 자영업자 누구나! 인터넷을 활용해 거래가 이루어지는 홍보를 목표로 하여 구체적인 배움의 방안을 정합니다. 방안들을 하나씩 살펴보면 첫째 관심 있는 사람과는 검색어로 만나기, 둘째 이미 아는 사람과는 카톡으로 만나기, 셋째 관심 있을 사람과는 추천 게시물로 만나기로 이루어져 있습니다.

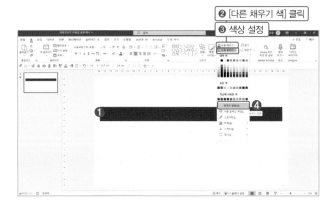

제목 입력하기

1. ❶ 직사각형을 삽입한다.

2. ❷ [도형 채우기]–[다른 채우기 색]을 클릭하여 ❸ 색상 값으로 빨강(R) '27', 녹색(G) '90', 파랑(B) '57'을 입력한다. ❹ [도형 윤곽선]–[윤곽선 없음]을 클릭한다.

단축키 》
[색] 대화상자 실행 : [도형 채우기]를 클릭한 후 M 누르기

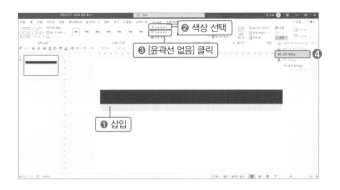

3. ❶ 사다리꼴을 삽입한다. ❷ [도형 채우기]의 '테마 색'에서 흰색, 배경 1, 15% 더 어둡게를 선택한다. ❸ [도형 윤곽선]–[윤곽선 없음]을 클릭한다.

4. [서식] 메뉴–[정렬] 목록에서 ❹ [회전]–[상하 대칭]을 클릭한다.

5. ❶ 직사각형 안에 글자를 입력하고 ❷ 글꼴 '나눔바른고딕', 크기 '32', 가운데 맞춤으로 설정한다.

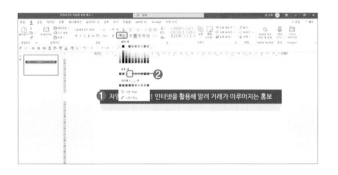

6. ❶ 강조할 글자를 선택한 후 ❷ [홈] 메뉴–[글꼴] 목록의 [글꼴 색]에서 노랑을 클릭한다.

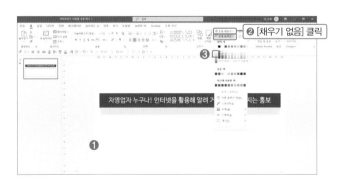

이미지와 글자 입력하기

1. ❶ 직사각형을 삽입한다. ❷ [도형 채우기]–[채우기 없음]을 클릭한다.

2. ❸ [도형 윤곽선]의 '테마 색'에서 흰색, 배경 1, 15% 더 어둡게를 선택한다.

flaticon 사이트에서 'search'를 검색하여 저장한 이미지

3. ❶ 이미지를 삽입하고 ❷ [도형 너비]에 숫자를 입력하여 크기를 줄인다.

단축키 》
[그림 삽입] 실행 : 순서대로 Alt, N, P, D 누르기

자영업자 누구나! 인터넷을 활용해 알려 거래가 이루어지는 홍보

관심 있는 사람에게
❶

❸ 색상 적용

4. ❶ 이미지 아래에 텍스트 상자를 삽입하고 글자를 입력한다. ❷ 글꼴 '나눔바른고딕', 크기 '18', 가운데 맞춤으로 설정한다.

5. ❸ 강조할 글자를 선택한 후 [홈] 메뉴-[글꼴] 목록의 [글꼴 색]에서 색상을 선택한다.

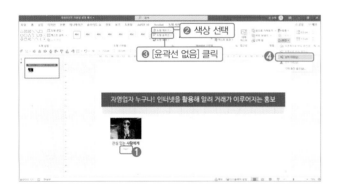

❷ 색상 선택
❸ [윤곽선 없음] 클릭
❹

자영업자 누구나! 인터넷을 활용해 알려 거래가 이루어지는 홍보

관심 있는 사람에게
❶

6. ❶ 이등변 삼각형을 삽입한다. ❷ [도형 채우기]의 '테마 색'에서 흰색, 배경 1, 25% 더 어둡게를 선택한다. ❸ [도형 윤곽선]-[윤곽선 없음]을 클릭한다.

7. ❹ [서식] 메뉴-[정렬] 목록에서 [회전]-[상하 대칭]을 클릭한다.

8. ❶ 사각형: 둥근 모서리 도형을 삽입한다. ❷ 노란색 점을 움직여 모서리를 둥글게 만든다.

9. ❸ [도형 채우기]의 '테마 색'에서 검정, 텍스트 1, 15% 더 밝게를 선택한다. ❹ [도형 윤곽선]–[윤곽선 없음]을 클릭한다.

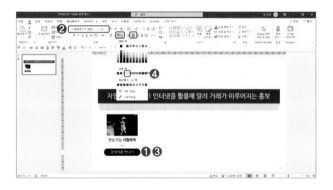

10. ❶ 도형 안에 글자를 입력하고 ❷ 글꼴 '나눔바른고딕', 크기 '18', 가운데 맞춤으로 설정한다.

11. ❸ 강조할 글자를 선택한 후 ❹ [홈] 메뉴–[글꼴] 목록의 [글꼴 색]에서 노랑을 클릭한다.

12. ❶ 이미지, 글자, 도형을 선택한 후 ❷ 빠른 실행 도구모음에서 [개체 가운데 맞춤]을 클릭한다.

13. 이미지, 글자, 도형이 선택된 상태에서 ❸ 마우스 오른쪽 버튼을 클릭한다. ❹ 단축 메뉴에서 [그룹화]–[그룹]을 클릭한다.

단축키 》
그룹화 : 개체 모두 선택한 후 Ctrl+G 누르기

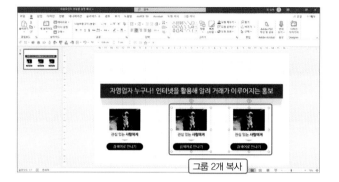

그룹 2개 복사

이미지와 글자 복사하여 수정하기

1. 그룹을 2개 복사한다.

단축키 》
그룹 해제 : 그룹 클릭 후 Ctrl + Shift + G
누르기

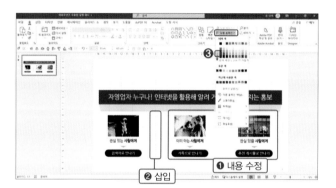

❶ 내용 수정

❷ 삽입

2. ❶ 각 그룹의 이미지와 글자를 수정한다.

3. ❷ 선을 삽입한다. ❸ [도형 윤곽선]의 '테마 색'에서 흰색, 배경 1, 25% 더 어둡게를 클릭한다.

PAGE 그룹의 내용 수정하기 173쪽

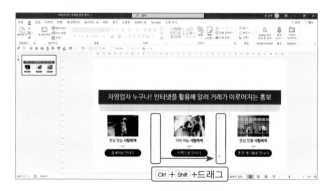

Ctrl + Shift + 드래그

4. 선이 선택된 상태에서 Ctrl + Shift 를 누른 채 오른쪽으로 드래그하여 복사한다.

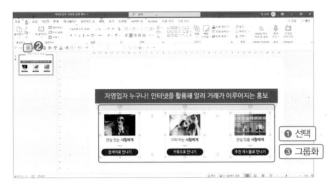

5. ❶ 그룹과 선들을 모두 선택한 후 ❷ 빠른 실행 도구모음에서 [가로 간격을 동일하게], [개체 가운데 정렬]을 클릭한다.

6. ❸ 모두 하나의 그룹으로 만든다.

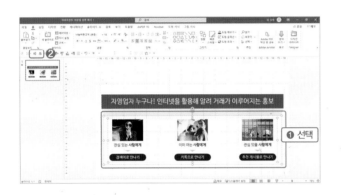

7. ❶ 직사각형과 그룹들을 선택한 후 ❷ 빠른 실행 도구모음에서 [개체 가운데 맞춤], [개체 가운데 정렬]을 클릭한다.

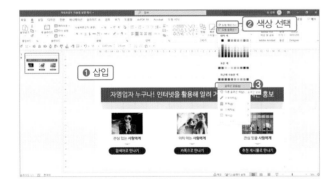

마지막 문장 완성하기

1. ❶ 직사각형을 삽입한다.

2. ❷ [도형 채우기]의 '테마 색'에서 흰색, 배경 1, 5% 더 어둡게를 선택한다. ❸ [도형 윤곽선]-[윤곽선 없음]을 클릭한다.

3. ❶ 도형 안에 글자를 입력하고 ❷ 글꼴 '나눔손글씨펜', 크기 '44', 가운데 맞춤으로 설정한다.

완성 파일 유형12_비전목표/비전목표템플릿.ppt

4. ❶ 강조할 글자를 선택한 후 ❷ [글꼴 색] −[스포이트]를 클릭하여 녹색 사각형의 색상을 적용한다.

단축키》
스포이트 기능 실행 : [글꼴 색] 클릭 후 E 누르기

05

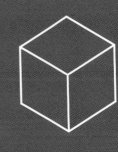

작업 속도를
높이는
단축키&단축버튼

파워포인트 문서를 잘 만들기 위해서는 파워포인트에 있는 기능

들을 잘 다루어야 한다. 하지만 단지 '깔끔한' 문서를 만들기 위해

그렇게까지 다양한 기능을 알 필요는 없다.

기능을 어느 정도 사용할 줄 안다면 한 가지를 더하는 것이 좋다.

바로 '속도'다.

우리는 모두 한정된 시간을 가지고 일한다.

그래서 늘 문서를 빨리 만들고 싶다는 욕구가 있다.

이때 필요한 것이 단축키와 단축버튼이다.

단축키와 단축버튼을 처음 사용할 때는 어색하겠지만 익숙해지

면 문서를 만드는 데 날개를 달아주는 더없이 좋은 기능이라는 것

을 알게 될 것이다.

단축키 활용하기

파워포인트 문서를 만들 때 마우스를 사용하지 않고 키보드만 사용하여 기능을 실행하면 시간을 단축할 수 있다. 다음은 필자가 추천하는 활용 빈도가 높은 단축키들이다. 여기서 소개한 단축키 외에도 파워포인트 문서를 만들다보면 자주 사용하는 단축키들에 익숙해질 것이다.

- **자판 누르는 법** : '순서대로'는 키를 누른 후 손가락을 떼고 다음 순서의 키를 누르는 것이다. +가 들어간 경우에는 그 키를 누른 상태를 유지하며 다음 키를 누르는 것을 말한다.

- **우선순위** : 모든 단축키의 사용 빈도가 높은 것이 아니므로 여기서는 우선 활용하면 좋은 단축키와 그렇지 않은 단축키로 구분하였다. 만약 시간이 없고 몇 개만이라도 빠르게 사용하고 싶다면 우선순위 1에 있는 단축키부터 반복해서 사용해보자.

- **우선순위 3** : 입력 창 안에서 글자를 정렬할 때 활용도가 높다. 또한 글자 크기를 크거나 작게, 굵게 만드는 단축키 또한 자주 사용할 수 있다.

우선순위	단축키	기능
1	순서대로 Alt N P D	이미지 삽입
	개체를 선택한 후 Ctrl + Shift 누른 채 드래그	개체를 수평 또는 수직으로 복사
	개체들을 선택한 후 Ctrl + G	그룹화
	개체들을 선택한 후 Ctrl + Shift + G	그룹 해제
	텍스트 상자를 클릭하여 글자를 입력할 수 있는 상태에서 Alt N U	기호 입력
2	Ctrl + 개체 클릭	여러 개의 개체 선택
	Ctrl + A	모든 개체 선택
	개체를 선택한 후 Ctrl + C	복사
	Ctrl + V	복사한 내용을 붙여 넣음
	개체를 선택한 후 Ctrl + X	잘라냄

2	Ctrl + Z	변경하기 전 상태로 되돌림
	Ctrl + Y	변경하기 전 상태로 되돌린 것을 다시 적용
	Ctrl + S	저장
3 (글자에만 해당)	내용을 선택한 후 Ctrl + E	가운데 정렬
	내용을 선택한 후 Ctrl + R	오른쪽 정렬
	내용을 선택한 후 Ctrl + L	왼쪽 정렬
	내용을 선택한 후 Ctrl + [	글자 크기 줄임
	내용을 선택한 후 Ctrl +]	글자 크기 키움
	내용을 선택한 후 Ctrl + B	글자 굵게 만듦
	내용을 선택한 후 Ctrl + U	글자에 밑줄 삽입
	내용을 선택한 후 Ctrl + I	글자를 비스듬하게 만듦
4	개체를 누른 채 Alt + 드래그	선택한 것을 좀 더 세밀하게 늘리거나 줄이기
	개체를 마우스 오른쪽 클릭한 후 R + R	선택한 개체 맨 앞으로 가져오기
	개체를 마우스 오른쪽 클릭한 후 K + K	선택한 것을 맨 뒤로 보내기
	Shift + F5	현재 슬라이드를 전체 화면으로 보기
	Ctrl + P	인쇄
	Ctrl + F	찾기

단축버튼 활용하기

이 책에서는 필자가 오랫동안 파워포인트를 사용하면서 최적화시킨 단축버튼을 리본 메뉴 아래에 설치하여 사용하였다. 단축버튼으로 할 수 있는 유용한 기능에 대해 알아보자.

▌책에서 사용된 단축버튼의 기능

리본 메뉴 아래에 설치된 단축버튼에는 다음과 같은 기능들이 들어 있다. 문서 작업에서 많이 사용되는 기능들을 선정했다.

❶ 표현의 통일성

❷ 사진 편집

❸ 개체 간 간격 깔끔하게 정리하기

❹ 글머리 기호 입력

❺ 실행 이전으로 되돌리기

❻ 글자 크기 변경

❼ 도형의 가로 값과 세로 값 조절

❽ 표에서 선택한 영역의 가로와 세로 간격을 동일하게 만들기

❾ 애니메이션 효과 설정

▌단축버튼으로 할 수 있는 유용한 기능들

Alt를 눌러보자. Alt를 누르면 리본 메뉴 위에 알파벳과 숫자가 나타나고, 해당 키를 누르면 기능이 바로 실행된다. 숫자 중에서는 1~4를 누르기가 가장 자연스럽고 편리하다. 그래서 가장 활용 빈도가 높은 기능을 첫 번째부터 네 번째까지 배치했다. 가장 활용 빈도가 높은 단축버튼인 Alt +1 2 3 4 부터 다양한 단축버튼의 기능에 대해 알아보자.

Alt 를 누르면 리본 메뉴에 나타나는 알파벳과 숫자들

Alt +1 서식 복사

'서식 복사'는 A에 적용된 표현을 B에 똑같이 적용하는 기능이다. 서식 복사 기능은 다음의 표현들에 사용할 수 있다.

서식 복사 기능을 적용할 수 있는 표현 유형		
글	도형	이미지

Alt +2 이미지 자름

이미지를 클릭한 후 순서대로 Alt 2 C를 누르면 이미지를 쉽고 빠르게 자를 수 있다.

⌈Alt⌉+⌈3⌉ **개체 가운데 정렬** / ⌈Alt⌉+⌈4⌉ **개체 가운데 맞춤**

'개체 가운데 정렬'과 '개체 가운데 맞춤' 기능을 이용하면 선택한 내용의 상하좌우 간격을 일정하게 만들 수 있다. '개체 가운데 정렬'과 '개체 가운데 맞춤' 기능은 몇 개의 개체를 선택했느냐에 따라 기능이 달라진다.

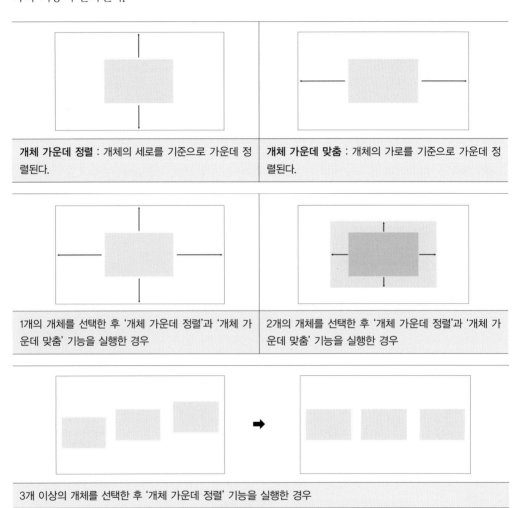

개체 가운데 정렬 : 개체의 세로를 기준으로 가운데 정렬된다.	**개체 가운데 맞춤** : 개체의 가로를 기준으로 가운데 정렬된다.
1개의 개체를 선택한 후 '개체 가운데 정렬'과 '개체 가운데 맞춤' 기능을 실행한 경우	2개의 개체를 선택한 후 '개체 가운데 정렬'과 '개체 가운데 맞춤' 기능을 실행한 경우

3개 이상의 개체를 선택한 후 '개체 가운데 정렬' 기능을 실행한 경우

`Alt` + `5` 가로 간격을 동일하게 / `Alt` + `6` 세로 간격을 동일하게

3개 이상의 개체를 선택하여 기능을 적용하면 가로 간의 간격과 세로 간의 간격이 일정해진다.

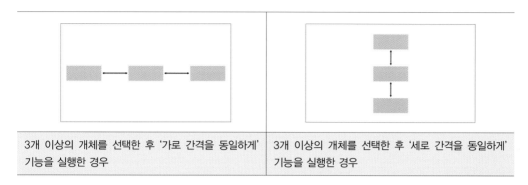

3개 이상의 개체를 선택한 후 '가로 간격을 동일하게' 기능을 실행한 경우	3개 이상의 개체를 선택한 후 '세로 간격을 동일하게' 기능을 실행한 경우

도형과 이미지는 가로와 세로의 길이가 보이는 그대로지만 글자는 그렇지 않다. 글자는 입력된 길이가 글자 길이와 거의 같아야 가로 간격과 세로 간격이 일정하게 맞춰진다. 글자를 클릭하면 나타나는 부분이 가로와 세로의 길이다. 글자의 가로와 세로 길이를 확인했다면 입력되어 있는 글자에 불필요한 여백이 없어야 3개 이상을 선택한 후에 '가로 간격을 동일하게' 또는 '세로 간격을 동일하게' 기능을 실행해도 가로 간격과 세로 간격이 각각 일정해진다.

글자에 불필요한 여백이 있는 경우	글자에 불필요한 여백이 없는 경우	글자에 불필요한 여백이 없어 '가로 간격 동일하게' 기능이 잘 적용된 예

Alt + 7 8 9 10 : 개체 왼쪽, 위쪽, 아래쪽, 오른쪽 맞춤

선택한 개체가 몇 개인지에 따라 기능을 이용할 때 차이가 있다.

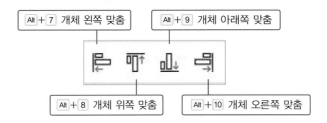

개체 2개를 선택한 후 왼쪽, 위쪽, 아래쪽, 오른쪽 맞춤을 실행한 경우

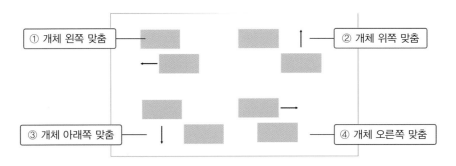

개체 1개를 선택한 후 왼쪽, 위쪽, 아래쪽, 오른쪽 맞춤을 실행한 경우

단축버튼에 배치되어 있는 다른 기능들은 몇 번 클릭해보면 사용하는 것이 어렵지 않다. 지금까지 설명한 내용을 좀 더 중요하게 여기고 단축버튼을 활용해보자. 분명 문서를 작성할 때 많은 도움이 될 것이다.

TIP

슬라이드 마스터를 사용하여 반복 작업을 줄이자

슬라이드 마스터는 반복적으로 하는 일의 횟수를 줄여주는 기능이다. 슬라이드 마스터에서 설정하거나 입력한 내용은 슬라이드 마스터에서 수정하기 전까지는 문서 상태에서 수정이 불가능하다. 슬라이드 마스터에서 배경 이미지와 기본 글꼴 변경, 슬라이드 번호 삽입을 해보자.

1. 배경 이미지 설정하기

❶ [보기] 메뉴-[마스터 보기] 목록에서 [슬라이드 마스터]를 클릭한다.

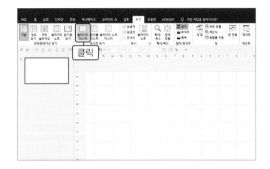

❷ [슬라이드 마스터] 메뉴-[배경] 목록에서 [배경 스타일]-[배경 서식]을 클릭한다.

❸ [배경 서식] 메뉴 화면에서 [그림 또는 질감 채우기]를 선택한 후 [그림 원본]에서 [삽입]을 클릭하여 이미지 파일을 선택한다. 배경 이미지가 삽입되면 이미지의 밝기, 투명도 등을 설정한다.

❹ [슬라이드 마스터] 메뉴에서 [마스터 보기 닫기]를 클릭하여 원래 문서로 돌아가면 슬라이드에 배경 이미지가 적용된 것을 알 수 있다. 슬라이드 마스터에서 설정한 배경 이미지는 [새 슬라이드]를 클릭하면 기본 슬라이드의 배경 이미지로 나타난다.

2. 공통으로 사용할 글꼴 설정하기

❶ 슬라이드 마스터 화면에서 [슬라이드 마스터] 메뉴–[배경] 목록에서 [글꼴]–[글꼴 사용자 지정]을 클릭한다.

❷ [새 테마 글꼴 만들기] 대화상자가 나타나면 사용할 글꼴을 설정한 후 [저장]을 클릭한다. 원래 화면으로 돌아오면 변경한 글꼴이 기본으로 나타난다.

3. 슬라이드 번호 설정하기

❶ 슬라이드 마스터 화면에서 [삽입] 메뉴–[텍스트] 목록에서 [슬라이드 번호]를 클릭한다.

❷ [머리글/바닥글] 대화상자가 나타나면 [슬라이드 번호]에 체크 표시를 하고 [모두 적용]을 클릭한다.

❸ 슬라이드 화면에 〈#〉 표시가 나타난다. 원래 화면으로 돌아가면 모든 슬라이드에 번호가 나타나는 것을 알 수 있다.

찾아보기